AF344115

CHARLES LOISEAU

SAINT-SIÈGE & FASCISME

LES ACCORDS DU LATRAN

DEVANT L'HISTOIRE ET LA POLITIQUE

ÉDITIONS DE
L'Année Politique
française et étrangère

PARIS
LIBRAIRIE UNIVERSITAIRE J. GAMBER
ÉDITEUR, 7, RUE DANTON

1930

SAINT-SIÈGE & FASCISME

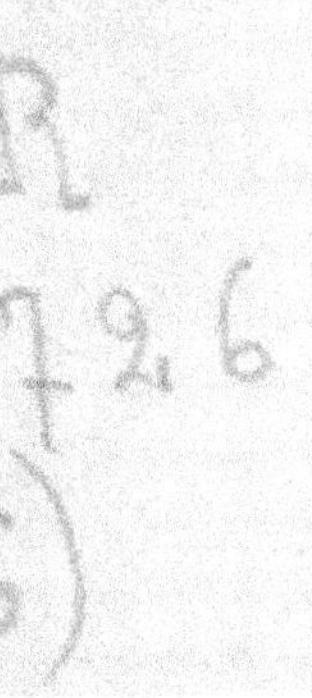

DU MÊME AUTEUR

Le Balkan slave et la crise autrichienne
(Librairie académique Perrin, 1898). (*Epuisé*).

L'équilibre adriatique. (Même Librairie, 1900).
(*Epuisé*).

Politique romaine et sentiment français
(Grasset, 1921).

Il a été tiré de cet ouvrage :
Vingt-cinq exemplaires sur papier d'alfa numérotés

CHARLES LOISEAU

SAINT-SIÈGE & FASCISME

LES ACCORDS DU LATRAN

DEVANT L'HISTOIRE ET LA POLITIQUE

ÉDITIONS DE
L'Année Politique
française et étrangère

PARIS
LIBRAIRIE UNIVERSITAIRE J. GAMBER
ÉDITEUR, 7, RUE DANTON

1930

A MA CHÈRE FEMME

Ma compagne et ma collaboratrice à Rome.

Ch. L.

AVANT-PROPOS

La réconciliation du Saint-Siège et de l'Italie, solennellement consacrée, le 11 février 1929, par les accords du Latran, a donné lieu bien davantage à des commentaires pour ainsi dire extrinsèques qu'à des considérations sur la genèse et la portée de l'événement.

La presse quotidienne s'est montrée prodigue de comptes rendus des cérémonies officielles, de détails protocolaires ; et, si elle n'a pas laissé ignorer les controverses qui, contre toute attente, ont fait suite à ces accords, elle s'est en général abstenue d'en rechercher l'origine et d'en préjuger la signification.

Cela tient à plusieurs raisons. Les organes catholiques estimaient n'avoir à nous initier qu'à une vérité officielle ; les organes qui reçoivent des inspirations des gouvernements se sont bornés, par de très plausibles raisons de convenance, à une sobre exégèse ; les autres ont vite pris leur parti de ne rendre que des comptes restreints à une opinion sollicitée par tant d'autres sujets, et qui, peu préparée à celui-là, ne s'est montrée guère exigeante.

Même des publications moins éphémères, sans excepter quelques livres d'une valeur documentaire incontestable, concentrent l'attention du lecteur sur le contenu de ces accords, au détriment peut-être de la question plus générale qu'ils sont présumés résoudre, et dont pourtant le nom seul — puisqu'on l'appelle « romaine »

— emporte présomption d'immanence et d'étendue. Autrement dit, si le dessin est fidèle, et même poussé en relief, les ombres sont rejetées sur le cadre, et l'ensemble se dérobe à la plénitude des effets de perspective et de recul.

**

Notre but est précisément de restituer à la « question romaine » toute l'ampleur dont elle est digne, devant l'histoire et la politique. Au prix quelquefois d'un rappel de faits anciens et déjà connus, nous avons cru devoir revenir sur son origine. Nous nous sommes même efforcé de la suivre, d'étape en étape, jusqu'à la réconciliation survenue assez inopinément et dont certains premiers effets, assez fâcheux, ont donné lieu à un autre genre de surprise. Tel sera l'objet des trois premiers chapitres de ce livre.

Nous avons été frappé aussi de l'extrême discrétion — pour ne pas dire de la pudeur — avec laquelle la critique s'est dispensée d'envisager les conséquences éventuelles des accords du Latran, non plus entre parties contractantes, mais dans les rapports du Saint-Siège avec les tierces Puissances, et, plus généralement, les tiers intérêts. Le temps n'est pas loin où personne ne se serait attendu à la carence de ces tiers, le Statut temporel du Saint-Siège étant réputé jusqu'à présent participer sinon de la « supra-nationalité » **de** l'Eglise, du moins du caractère effectivement international de ses modes d'action et d'influence à travers le monde.

On invoquera sans doute ici la brèche que la guerre et ses suites de toute nature ont faite dans un grand nombre de traditions, y compris celles qui passaient pour fondées sur un principe. Mais nous avons peine à croire périmées les raisons qui rendaient traditionnellement plausibles l' « internationalité » de la question romaine. On peut prendre acte très honnêtement de ce que le fait accompli donne un démenti actuel à cette manière de voir, sans être obligé d'ajouter foi à toutes les vertus extinctives ou rénovatrices qu'on lui prête. L'avenir décidera. Ce n'est pas prétendre lui dérober un secret que de formuler dès aujourd'hui quelques pronostics sur les conclusions qu'on tirera vraisemblablement, à l'extérieur, du caractère bi-latéral de l'acte intervenu. On ne saurait s'attendre à ce qu'elles se conforment au point de vue italien. Nous essaierons de mettre en lumière la différence, et même le contraste, au cours des trois derniers chapitres.

Celui qui occupe la place centrale de cet ouvrage, sous le titre : Les accords du Latran, a déjà paru, en partie, dans le fascicule de l'Année politique du mois de septembre 1929. Il forme ainsi nœud entre la « question romaine », telle qu'elle appartient à l'histoire, et les motifs qui permettent, en dépit d'une opinion répandue, de faire crédit à sa survivance.

Nous nous sommes interdit toute appréciation du pacte conclu entre le Saint-Siège et l'Italie sur ce qui touche les intérêts religieux — et ce, par des raisons décisives non seulement de convenance, mais d'incompétence. L'œuvre politique seule est ici en cause ; c'est aussi la seule sur laquelle la grande majorité du public attend des éclaircissements. Tout au plus, dans le chapitre consacré au proche Orient, avons-nous cru pouvoir nous permettre une allusion à la question célèbre du « rapprochement » entre l'Eglise catholique et celles qu'elle désigne elle-même sous le nom de séparées, en tant que le nouvel état de choses, à Rome, peut en affecter le cours.

C'est qu'ici, compte tenu des traditions et de la psychologie orientales, la ligne de démarcation entre le spirituel et le temporel est presque imperceptible. A prendre l'engagement de ne point la franchir, on ne saurait y faire honneur sans stériliser la matière vivante du sujet. Mais il reste entendu que, dans ce cas même, nous avons tâché de nous tenir à distance respectueuse du domaine de la spiritualité, défendu, par sa nature propre, contre les jeux de la critique et des prévisions humaines.

C. L.

CHAPITRE PREMIER

DOCTRINE ET POLITIQUE DU « DISSIDIO »

Le terme italien *dissidio* est le seul qui rende compte de la position prise par le Saint-Siège à l'égard de l'Italie, depuis que Rome est devenue la capitale du Royaume unifié, et de l'état de choses qui en est résulté jusqu'à la conclusion récente des accords du Latran.

Pour le traduire, le mot *désaccord* serait faible, en ce qu'il manque de portée doctrinale ; *conflit* trop accentué, en ce qu'il appelle l'idée d'hostilités actives et permanentes, ce qui ne fut point le cas ; *malentendu* — bien que la littérature officielle l'ait employé quelquefois, par euphémisme — beaucoup trop étriqué pour le sujet : de plus, il en fausse la notion. Au Vatican et au Quirinal on a toujours entendu de la même façon l'origine et les termes de ce que l'opinion publique appelle la « question romaine ». On n'était divisé que sur les moyens de la résoudre.

Le *dissidio* s'est manifesté tout d'abord par les protestations du Saint-Siège, en forme véritablement doctrinale, et dont certaines précèdent d'une dizaine d'années l'installation officielle du gouvernement italien à Rome. On en trouve déjà trace dans le *Syllabus* et dans la bulle d'excommunication majeure lancée, le 20 mars 1860, « contre tous ceux qui ont pris part à la rébellion, à l'usurpation, à l'occupation et à l'invasion criminelle des Etats pontificaux ».

Le lendemain de l'ouverture de la brèche de la *Porta Pia* (20 septembre 1870), et de l'entrée des troupes piémontaises dans la Ville éternelle, le Saint Siège dénonçait aux Puissances par la voie diplomatique, à l'univers catholique par l'entremise du clergé et de la presse fidèle, cette occupation comme un attentat de la force, une *usurpation*, une *spoliation*. Les mêmes termes ont été employés jusqu'à nos jours par les successeurs de Pie IX. Trois générations ont été imprégnées de cette idée que la coexistence à Rome de l'autorité pontificale et de l'autorité du roi d'Italie est une monstruosité juridique et politique. Pendant cinquante-huit ans, un écrivain catholique qui eût fait des réserves sur ce point eût donné à suspecter ses sentiments, son jugement et presque l'intégrité de sa foi.

C'est en vain que, l'année suivante, le Parlement italien s'efforce de démontrer que cette coexistence est possible, et, pour ainsi dire de l' « organiser », en votant la Loi des garanties, publiée dans la *Gazzetta ufficiale* du 13 mai 1871. Dès le surlendemain Pie IX, par une Encyclique, déclare vouloir ignorer cette loi, de même qu'il ignore les Pouvoirs constitutionnels qui viennent de se substituer au gouvernement pontifical. Désormais, et jusqu'au 25 juillet 1929, les Papes ne sortiront plus du

Vatican : leur dignité leur défend de fouler un sol dont la souveraineté leur a été ravie par violence. Ils repoussent l'indemnité pécuniaire que la Loi des garanties avait mise à leur disposition en forme de dotation annuelle (3.225.000 lire). Ils déclarent considérer comme une offense au Siège apostolique la visite officielle des Chefs d'Etat catholiques au Quirinal. Aux nonces sont interdits tous rapports avec les représentants à l'étranger du roi d'Italie. La société romaine se partage en « monde blanc », du parti du Roi, et en « monde noir », du parti du Pape. Tels sont les principes, telle l'attitude qu'inspire au Vatican l'acte décisif par lequel l'Italie vient de mettre le sceau à son unité et de régler — du moins à son point de vue — la question romaine. Leur but et leur effet sont de faire sentir, au contraire, que cette question subsiste et de la placer, *erga omnes*, à l'abri de la péremption.

Elle a même subsisté sous une forme qui échappe en général aux étrangers, mais dans laquelle chaque Italien un peu cultivé reconnaît un aspect caractéristique des contradictions et des fluctuations particulières à son pays. Certes Pie IX savait très bien qu'il rendait le Saint-Siège impopulaire par les obstacles que sa politique, depuis 1849, avait opposés à l'unité italienne. Mais c'est sans doute très sincèrement qu'il attribuait cette vague d'impopularité à l'injustice et à l'ingratitude d'une partie de ses compatriotes. L'Italie, au point de vue de ce Pontife, — qui, vraisemblablement est resté celui de beaucoup de membres de la Curie romaine, — reniait sa propre histoire en même temps que sa dette envers la *Santa Sede*. N'est-ce point la Papauté qui a jeté le plus vif éclat sur la race et sur le nom même *italiens*, pendant les siècles où ils n'avaient aucune chance de tirer leur lustre du principe des nationalités ? En exerçant sur le monde une autorité à certaines époques presque sans rivale, n'a-t-elle pas perpétué le souvenir de l'Empire romain, vers lequel reflue avec tant de complaisance, sinon d'orgueil, l'Italie moderne ? Pendant tout le Moyen Age, Rome, centre de la péninsule, est restée le centre régulateur aussi de la vie de l'Europe civilisée, qu'on appelait alors la Chrétienté. Par la suite, qui a le plus contribué, sinon les Papes de la Renaissance, à mettre en lumière et en plein essor de production le génie artistique du peuple italien ? Il n'est pas jusqu'au faste de la Cour romaine, au va-et-vient incessant des princes, des ambassadeurs, et, comme de juste aussi, des Légats, qui n'aient entretenu à travers la péninsule un courant de civilisation politique tellement intense qu'aujourd'hui encore on s'accorde à vanter l'école italienne de diplomatie. Quant aux richesses colossales attirées à Rome par la présence du Siège apostolique, encore que la plupart aient été utilisées sur place, une autre part est certainement entrée dans le circuit d'une activité matérielle dont les bornes s'étendaient bien au delà des Etats romains.

Même donc mises à part les conséquences directes de l'exercice du magistère spirituel, il y a quelque chose de vrai dans l'assertion, répétée jusqu'à nos jours, que les Papes ont contribué à « faire » l'Italie. Si l'on poussait un peu plus loin l'exégèse, peut-être faudrait-il aller jusqu'à dire qu'ils ont rassemblé certains matériaux indispensables à son unité. Dès lors, dans l'éviction qu'elle a subie en 1870, la Papauté a ressenti quelque chose de plus qu'une atteinte à des droits d'ailleurs positifs et séculaires, je veux dire une sorte de rapt des titres qu'elle pensait avoir à la primauté morale et à un privilège d'influence dans le pays où elle a son Siège. L'amertume qu'en a conçue Pie IX semble bien avoir été partagée plus ou moins par ses successeurs, puisqu'on en retrouve la trace jusque dans de récents discours de Pie XI. Et même, avec le temps, elle n'a pas fait place à la résignation. On a plutôt l'impression que chaque Pontificat, depuis la chute du Pouvoir temporel, n'a pas renoncé à disputer l'Italie à ses maîtres officiels, au moins dans la mesure où il la jugeait détournée des chemins familiers à son génie propre et tracés par la tradition chrétienne.

Je ne fais pas cette remarque dans un simple intérêt de critique historique et psychologique. Elle me semble devoir donner la clef de bien des situations, de bien des épisodes qu'on trouvera exposés au cours de cet ouvrage. Sans doute même est-elle plus actuelle que jamais, du moment que le Fascisme s'érige en rival du Saint-Siège pour accaparer la formation spirituelle et morale de la génération qui monte.

*
* *

Le point culminant du *dissidio* semble avoir été atteint sous le règne de Léon XIII.

Il suffit de relire la lettre du 8 juin 1900, en

réponse à une adresse collective des évêques lombards, et relative à la défense faite aux catholiques italiens de prendre part aux élections politiques (*Non expedit*), pour juger des sentiments qu'il éprouvait, et qu'il s'efforçait de faire partager — trente ans après la chute du Pouvoir temporel — à l'égard du gouvernement royal. Il y était dit notamment :

Certaines gens (parmi lesquels se trouvent peut-être des ecclésiastiques) ont osé persuader à des catholiques de passer outre au décret par lequel nous avons déclaré qu'ils devaient rester à l'écart des opérations électorales destinées à nommer des députés au Parlement. Ils ignorent sans doute dans quelles conditions se trouvent placés Notre personne et le Saint-Siège, ou bien, contre le devoir, ils croient pouvoir n'en pas tenir compte. Nous recommandons aux évêques de veiller *scrupulosamente* à ce que Nos ordres soient obéis, car les raisons qui les ont déterminés sont de la plus haute importance, et elles subsistent dans leur intégrité, aucune circonstance nouvelle n'étant survenue qui justifie leur atténuation.

Léon XIII, comme on voit, n'était pas précisément un précurseur du droit des peuples de disposer d'eux-mêmes, fût-ce dans leur propre pays, et il faut laisser à ceux qui lui ont fait une réputation de Pape « libéral » le soin de la soutenir. Il n'avait pas confiance non plus, on le voit de reste, dans l'action politique des catholiques italiens pour obtenir, par les voies parlementaires, un nouvel examen de la question romaine. Il concevait plutôt cette action comme absorbée d'avance,

ou plutôt résorbée, par son propre magistère.
Au vrai, sans le moins du monde atténuer
les revendications de Pie IX en faveur du
Pouvoir temporel, il allait démontrer à l'univers — peut-être au delà de ses désirs —
que la Papauté, même privée de ce Pouvoir,
peut atteindre aux sommets du prestige et disposer d'une influence insigne. C'est donc à son
action extérieure, à sa diplomatie, qu'il confiait les intérêts politiques du Saint-Siège,
sans doute aussi leur revanche. Le *Non expedit*
ne laissait pas de contribuer indirectement
au succès de ce dessein, par la raison suivante.

Evocateur de la démocratie chrétienne, et,
par là même habile à se concilier certaines
puissances d'opinion, Léon XIII s'avançait en
ami à la rencontre des divers gouvernements
— sauf celui du Quirinal, bien entendu —
et de façon assez impartiale pour qu'on ne
pût l'accuser de favoriser l'un aux dépens de
l'autre. Il avait trouvé le secret d'un bel équilibre, grâce auquel il pût s'acquérir à Londres
et à Saint-Pétersbourg la considération due à
un Pape politique, sans mécontenter ni les
Irlandais, ni les Polonais, et donner au Centre
allemand des conseils suggérés par le prince
de Bismarck, sans nuire à son renom, très
mérité, de Pontife en sympathie avec la République française. — Bel équilibre, oui, mais
à une condition, qui dépendait, il le faut bien
reconnaître, autant des circonstances contemporaines de son règne que de sa propre
volonté. A la condition qu'entouré d'une Cour
italienne, Italien lui-même, assistant aux débuts

de l'Italie sur la scène des grandes Puissances, il ne donnât cependant, à aucun degré, l'impression d'être un Pape en connivence avec le gouvernement du Quirinal. Il faut convenir qu'en prescrivant aux catholiques de son pays d'ignorer ce gouvernement, dans la mesure du possible, comme il l'ignorait lui-même, il ne pouvait offrir un gage plus éclatant à la supra-nationalité de l'Eglise et à l'indépendance pontificale.

Encore que son activité diplomatique se soit répandue sur une foule d'objets, certains recoupements ne permettent guère de douter que la plus fine pointe en ait été généralement tournée contre l'Italie gouvernementale. Quand il oblige les religieux italiens à se réclamer en Orient du protectorat de la France ; quand il fournit une sorte de caution à l'alliance franco-russe, opposée à la Triplice ; quand enfin, observant la loi diplomatique de la contre-assurance, il offre ses bons offices à l'Allemagne impériale, il sait qu'il fait des piqûres dans l'amour-propre, sinon dans la substance même des combinaisons de la *Consulta* ; ne doutons pas qu'il s'y complaise. Pour ne parler que de ses avances à l'Allemagne, dont il savait de quelle hauteur elle considérait alors l'alliance italienne, il a dû passer un bon moment, le jour où l'Empereur Guillaume II, profitant d'un avantage réservé aux Souverains non catholiques, lui rendit solennellement visite au Vatican. C'était, je crois, en 1906. En tous cas, je vois encore défiler, dans le *Borgo*, le cortège impérial, dans lequel figuraient un certain nombre de cavaliers herculéens, gardes du corps de Sa Majesté. Leur casque dépassait les balcons du premier étage et le trot retentissant de leurs montures offrait un excellent symbole de la lourdeur et de l'assurance germaniques. Ce jour-là, le bon peuple italien dut éprouver l'impression que le Pape était encore chez lui à Rome, puisque la rue appartenait au puissant Souverain qui se rendait à son audience en si grande pompe et avec escorte militaire (1).

(1) On trouvera dans les Mémoires du cardinal Ferrata, ancien nonce à Paris (Rome, librairie Desclée, 1920) de précieux éclaircissements sur la diplomatie pontificale à cette époque. Outre que cet ouvrage peut servir à en dégager les lignes générales, il fait mention d'épisodes souvent caractéristiques. C'est ainsi que Léon XIII nous apparaît, à plusieurs reprises, empressé de montrer aux Italiens que le Pape peut prendre utilement en mains leurs intérêts, dans certaines circonstances où la sollicitude de leur gouvernement est inopérante.

La cardinal Ferrata raconte, par exemple, qu'en 1896, à la suite du désastre subi par le corps expéditionnaire du général Baratieri à Abba-Garima, Léon XIII prit sur lui de demander directement au Négus Ménélik la mise en liberté des prisonniers de guerre italiens. Il ajoute qu'il fut personnellement chargé d'intéresser à cette démarche M. Hanotaux, alors ministre des Affaires étrangères. Toutefois, à la suite d'une indiscrétion, le gouvernement italien, se jugeant humilié par l'intervention pontificale, et la confidence qui en avait été faite à Paris, employa ce qui lui restait de crédit à la Cour du Négus pour que cette intervention n'aboutît pas (Tome III, p. 277).

La lecture de ces Mémoires, qui émanent d'un témoin autorisé, serait vraiment bien utile à certains publicistes français qui prennent sur eux d'affirmer que, du fond de sa tombe, Léon XIII a dû exulter de la réconciliation du Saint-Siège et de l'Italie sur la base des accords du Latran (M. Fernand Laudet, *Figaro* du 30 juillet 1929). Elle pourrait aussi servir à modérer la jubilation des Chevaliers pontificaux, dont le président, M. de Montenon, cité par *La Croix*, écrivait, au lendemain de ces accords : « Quelle douce joie ! Quelle réparation ! Ainsi,

*
* *

Il est assez naturel qu'on ait conservé de cette époque, au Quirinal et à la *Consulta*, un souvenir défiant. Nous en trouverons une trace fort apparente dans certaines dispositions du Traité politique du Latran qui seront commentées plus tard. Bien des années auparavant, en 1899, le gouvernement italien fit savoir qu'il s'opposait à la présence d'un représentant du Saint-Siège à la Conférence de La Haye. De même, au moment de signer, le 25 avril 1915, les accords qui réglaient les conditions de l'accession de l'Italie à la Triple Entente, il exigea l'insertion d'un article 15 ainsi conçu : « La France, la Grande-Bretagne et la Russie appuieront l'opposition que l'Italie formulera contre n'importe quelle proposition tendant à introduire un représentant du Saint-Siège dans les négociations de paix ou relatives à la solution des questions soulevées dans la guerre actuelle ». Cette *exclusive*, sur laquelle nous aurons aussi à revenir, n'a été connue que vers la fin de l'année 1917, par suite de la divulgation que fit le gouvernement bolchéviste des traités secrets conclus par la Russie impériale.

Sous le Pontificat de Léon XIII, le gouver-

grâce au Ciel, le Pape redevient Souverain temporel, l'idéal pour lequel sont morts les zouaves pontificaux est réalisé ! »

Les Italiens devraient bien se départir un peu de la jalousie (s'il en reste), que leur inspire la Fille aînée de l'Eglise, en considération de ce qu'elle élève à son tour beaucoup de ses enfants dans la simplicité de la colombe, plutôt que dans la prudence du serpent.

nement italien avait cru devoir prendre des garanties d'un autre genre, et encore plus formelles, contre la réapparition de la question romaine à l'ordre du jour des colloques ou des démêlés internationaux. Il n'est pas douteux qu'il consentit à s'engager, en 1881, dans les liens de la Triplice, malgré la répugnance certaine de l'opinion publique à une alliance avec l'Autriche, en partie à cause des assurances qui lui furent données à cet égard. En signant ce traité, les Empires centraux non seulement enlevaient au Saint-Siège l'illusion qu'ils restaient éventuellement disposés à soutenir ses revendications « temporalistes » ; ils apportaient au fait accompli en 1870 une caution que Léon XIII, s'il se montra disposé à passer silencieusement au débit de l'Allemagne protestante, n'a jamais pardonné à la catholique Autriche.

A l'intérieur, l'hostilité pontificale attira à l'Eglise d'Italie des représailles qui, sous certains ministères — celui de Crispi en particulier — fleurèrent souvent un parti-pris d'anticléricalisme. La croix fut enlevée du Capitole. Dans les anciens Etats romains furent décrétés la dissolution de 134 communautés religieuses et la fermeture d'environ 200 églises. Des confiscations atteignirent jusqu'à 2.382 autres Communautés, dans le reste de l'Italie (1). Nombre de couvents furent transformés en

---

(1) J'emprunte ces chiffres à un ouvrage du temps, paru sous la signature du comte Edoardo Soderini, devenu depuis chef d'un groupe catholique à la Chambre des Députés de 1913. (*Rome et le gouvernement italien*. Paris, Librairie Oudin, 1895.)

casernes et d'édifices cultuels en magasins militaires. — On a beaucoup accusé, et probablement à bon droit, la Franc-Maçonnerie d'avoir inspiré ces mesures vexatoires. En tous cas, elles ne produisirent aucun effet d'intimidation sur le Saint-Siège. Elles lui servirent plutôt d'argument pour soutenir, devant le monde catholique, qu'il était victime, moins des exigences de l'unité italienne, que d'une sorte de conspiration italo-maçonnique contre la religion elle-même.

Cette thèse fut acceptée sans hésitation par l'opinion catholique à l'extérieur. Aussi le mouvement en faveur des revendications du Saint-Siège affecta-t-il, à certains moments, des allures de Croisade. Toutes sortes de malédictions et de prophéties lugubres furent déversées par la presse catholique, en France, en Espagne, en Belgique, en Allemagne, en Autriche, sur la Monarchie de Savoie et sur son gouvernement. Il entra dans les usages des Congrès catholiques, presque partout, de clore leurs travaux par un vœu en faveur de la restauration du Pouvoir temporel. Chaque anniversaire du 20 septembre 1870 ramena au Vatican un flot de télégrammes de condoléances. Les autorités italiennes, c'est une justice à leur rendre, n'entravèrent pas les pèlerinages *ad limina* : la partie de la population qui exerce une hospitalité rémunératrice, ou qui tire des profits périodiques de l'affluence des étrangers, leur en auraient su mauvais gré. Mais les mêmes autorités n'ignoraient pas les sentiments de ces innombrables fidèles, pour qui Rome était tombée entre les mains d'un « spoliateur », et elles se doutaient que les allocutions prononcées dans l'enceinte du Vatican leur fournissaient des échos plus ou moins expressifs.

Quelquefois, lorsque ces échos sont publics, ou que l'attitude des pèlerins lui paraît trop dégagée, le gouvernement se fâche. Quand les Anglais sont en cause — comme ce fut le cas en 1901, à propos d'une adresse du duc de Norfolk — la presse officieuse se contente de hausser le ton et de réclamer satisfaction, par exemple, sous la forme d'une interpellation à la Chambre des Communes. On est plus irascible et surtout plus expéditif à l'égard des Français. Quelques années auparavant, au cours du pèlerinage international de la Jeunesse catholique, un de nos compatriotes eut l'inconséquence d'écrire, sur le registre qu'on présente aux visiteurs du Panthéon : *Vive le Pape-Roi !* L'incident fut dramatisé sur l'heure, selon les règles d'un art extrêmement familier en Italie. La *Tribuna* en informa la Ville dans une édition spéciale, et la Questure de Rome, pour calmer l'émotion publique à laquelle elle n'était vraisemblablement pas étrangère, fît chauffer des trains spéciaux pour rapatrier d'office environ 5.000 jeunes Français, qui reçurent au surplus force injures et même des pierres à la gare de Pise.

Il faut convenir que ces procédés sommaires, trouvaient, sinon leur excuse, au moins une cause d'atténuation, dans la chaleur avec laquelle le public catholique, et surtout monarchiste, en France, avait épousé la cause du Pouvoir temporel, avant comme après la guerre de 1870. Du moment qu'il s'était trouvé, en

1871, une Assemblée nationale pour voter l'érection de la Basilique du Sacré-Cœur à Montmartre, non seulement en expiation des erreurs de la France — ce qui pouvait passer pour son droit — mais en intention réparatrice des événements du 20 septembre, on doit moins s'étonner que le sentiment national italien fût extrêmement susceptible à notre égard.

Soit dit en passant, les partis extrêmes, représentés alors chez nous par les *cléricaux* et les *radicaux*, s'intéressaient aux affaires italiennes avec un simplisme tout pareil et une égale incompétence. Les *radicaux* s'imaginaient qu'en prenant à cœur les intérêts de l'Italie unifiée contre le Saint-Siège, ils s'assuraient, au delà des monts, des sympathies durables : celles-ci ne furent jamais qu'épisodiques ou affectées. Les *cléricaux*, qui continuaient à croire à l'immutabilité de la question romaine, passaient outre aux difficultés qu'ils suscitaient à la politique de leur propre pays. Ils n'avaient d'ailleurs pas le moindre pressentiment de l'éventualité qui pourtant s'est produite de nos jours, c'est-à-dire de la réconciliation signée à Latran, pour laquelle on n'a sollicité ni l'avis de leurs petits-neveux, ni même leur compréhension.

⁎

Sous le règne de Pie X, la génération italienne qui fut témoin de la chute du Pouvoir temporel tend à disparaître. La suivante, même parmi les catholiques les plus dévoués au Saint-Siège, n'éprouve plus au même degré l'indignation justifiée par le coup de force. Les intérêts particuliers lésés — car il y en eut, et de toute sorte — ont fini par trouver des compensations ou s'accoutument à la résignation. On commence à relever dans la presse des symptômes que l'idée d'un accommodement entre les deux Pouvoirs recrute un peu partout des partisans, qui cherchent à leur tour à faire des prosélytes. Quand ce sont des catholiques, ils s'expriment encore avec timidité, de peur d'être blâmés au Vatican. Quand ce sont des juristes ou des hommes politiques, la pensée est plus libre, mais la difficulté du sujet en rend l'expression souvent subtile. Néanmoins on voit peu à peu s'amonceler les éléments d'une bibliographie qui deviendra formidable, et qui entretiendra le public dans le sentiment que la question romaine est, au fond, et avant tout, une question d'intérêt italien.

Ce qui parle encore plus haut que la littérature, ce sont les faits. L'Italie, pendant les premières années du règne de Pie X, traverse une période que caractérisent un malaise économique généralisé et des mouvements révolutionnaires. L'Etat commence à éprouver le besoin d'être défendu contre les partis avancés, qui se recrutent, en Italie comme ailleurs, parmi les ennemis avérés de l'Eglise elle-même. Le Saint-Siège, sous prétexte de protester contre l'occupation de Rome en 1870, va-t-il faire le jeu de ces partis en se tenant obstinément au *Non expedit* ? S'il le fait, n'expose-t-il pas à des risques immédiats les institutions de coopération, d'éducation, de prévoyance, auxquelles il a voué sa sollicitude, et qui, dans sa pensée, étaient destinées précisément à offrir aux catholiques un champ d'action sociale, à les dédommager de l'interdit jeté sur leur action politique ? Cet interdit ne va-t-il pas se retourner contre l'intérêt social, précisément, du fait qu'il maintient les fidèles respectueux des directions pontificales à l'écart des salles de vote ?

En quelque disposition à la soumission, d'ailleurs, que le Saint-Siège s'attendît à trouver ces fidèles, il ne pouvait leur prêter une sorte d'inaptitude à comparer et à réfléchir. Or justement les directives que Léon XIII avait données aux catholiques des autres pays non seulement les incitaient à « faire de la politique » ; elles les engageaient même, en général, dans les voies de la politique gouvernementale. Le même Pape qui avait conseillé en France le ralliement à la République, et dont les interprètes préconisèrent sous cette forme le « devoir électoral », s'était employé à réconcilier le Centre allemand avec le prince de Bismarck et à soutenir la Monarchie espagnole contre les carlistes et les républicains. Se pouvait-il que son successeur continuât à exiger des seuls Italiens une attitude hostile à la Monarchie nationale ? Et, s'il l'eût exigée, l'obéissance — au moins celle de la nouvelle génération — était-elle sûre ?

Même resté maître de fixer l'heure et les conditions d'une réconciliation avec l'Etat, le Pape ne pouvait songer à dissuader les Italiens d'une réconciliation avec la patrie. Or, sous le règne de Pie X, la guerre de Libye fut à la fois cause et effet d'un sursaut de vitalité nationale. Pendant cette campagne et la crise balkanique consécutive, « bouder » le Pouvoir politique eût équivalu à renier le drapeau. Pas plus dans les cures de campagne que dans les palais épiscopaux on n'était capable d'un tel renoncement. Partout, au contraire, des prières publiques saluèrent le départ des troupes italiennes ; les aumôniers vinrent se ranger sous les étendards aux armes de Savoie. Mais comment le clergé, redevenu « national », n'eût-il pas manifesté quelque empressement à redevenir « civique », puisqu'enfin les destinées du pays ne se jouent pas qu'à la guerre et qu'il y a des batailles aussi à gagner à l'intérieur ? Le Vatican, si peu sensible qu'il se flatte d'être aux poussées d'opinion publique, même et surtout d'opinion « cléricale », ne pouvait pas méconnaître la signification de celle-là.

On pouvait donc s'attendre à ce que le *Non expedit* fît les frais d'un premier retranchement sur les sanctions rigoureuses que le Vatican avait attachées à ses déclarations de principe. Avant même de ceindre la tiare, Pie X, patriarche de Venise, avait permis aux catholiques du collège électoral de Treviglio de faire masse contre la candidature du socialiste Engels. Devenu Pape, il réserva formellement aux autorités diocésaines la faculté de suspendre la prohibition.

On était en effet à la veille des élections générales du 2 novembre 1913, les premières qui aient eu lieu en Italie sous le régime du suffrage universel. On savait l'expérience périlleuse, et M Giolitti, alors président du Conseil, était trop heureux de procurer à ses candidats l'appoint des voix catholiques, en échange d'assurances qui furent négociées, au nom du

Vatican, par le comte Gentiloni. Entre autres engagements, le gouvernement prenait celui de ne pas laisser venir à l'ordre du jour un projet de loi relatif au divorce. Le « pacte Gentiloni » est resté célèbre dans l'histoire parlementaire de l'Italie, en tant qu'il inaugurait la reprise des contacts officieux entre les Pouvoirs rivaux. Il eut pour effet de briser l'élan des partis d'Extrême-gauche, qui durent céder aux partis constitutionnels la majorité de la Chambre — celle-là même qui a siégé pendant la guerre. Le *Non expedit* avait été suspendu dans 350 collèges et maintenu dans 178, y compris ceux de la ville de Rome.

L'attitude du Saint-Siège dans ce cas particulier emportait, comme on voit, des conséquences immédiates non négligeables. Peut-être en a-t-elle eu d'autres, en ce sens qu'elle préludait — de loin — à la recherche d'une solution *nationale* de la question romaine. Assurément ce n'est pas dans l'intérêt de l'Eglise universelle que Pie X, sans reconnaître explicitement le pouvoir « usurpateur », venait en somme à son secours, en levant une défense à laquelle ses prédécesseurs avaient attaché la signification d'un *Non possumus*. C'était dans un intérêt interne, d'ordre italien, de conservation de l'édifice élevé par le *Risorgimento* et dans lequel, après tout, le Saint-Siège trouvait un abri matériel, un asile, sous la garde de la Monarchie de Savoie, contre la révolution possible. Les événements venaient de tenir la doctrine en échec par l'évidence d'un danger ou, tout au moins, d'un risque commun. C'est le rôle qui désormais leur est dévolu, et que nous verrons s'élargir, à mesure qu'on approchera de la réconciliation finale.

*
* *

Mais nous sommes encore bien loin du moment où la Cour romaine laissera voir et surtout laissera dire que cette réconciliation est dans ses vues. Très vraisemblablement, elle n'y pense même pas en 1913. Le cardinal Merry del Val, qui a pris la succession du cardinal Rampolla, est un des très rares titulaires de cette haute charge qui ne soit pas d'origine italienne. Fils d'un diplomate espagnol et d'une mère anglaise, aristocrate accompli d'éducation et de culture, classé comme « intégriste » dans une Curie qui compte quelques « libéraux » (ou prétendus tels), il n'a ni la mine ni la renommée d'un prélat enclin à traiter avec le gouvernement royal. Il vient même, le 28 avril 1904, d'adresser à celui de la République française, à la suite de la visite de M. Loubet au Quirinal, une protestation qui offre de la ressemblance avec une leçon, et qui sera le point de départ d'une controverse diplomatique destinée à aboutir à la rupture. Je ne suis pas bien sûr que dans la circonstance, le cardinal Merry del Val n'ait pas entendu parler plutôt au monde catholique qu'à la France, ni même que telle de ses phrases ne fût à l'adresse de la Maison de Savoie plutôt qu'à celle de notre ambassadeur, M. Nisard. Le fait est qu'on a rarement mis avec plus de fermeté l'accent sur le *dissidio*, dans lequel le passage de M. Loubet à Rome ne fait guère figure que d'épisode. — Il s'exprimait en ces termes :

« La venue à Rome, en forme officielle et solennelle, de M. Loubet, président de la République française, pour rendre visite à Victor-Emmanuel III, a rempli l'âme du Saint-Père d'une profonde tristesse.

» Il est à peine nécessaire de rappeler que les Chefs d'Etat catholiques, liés, comme tels, par des liens spéciaux, au suprême Pasteur de l'Eglise, sont tenus envers lui à de plus grands égards que les Chefs d'Etats non catholiques, en ce qui concerne sa dignité, son indépendance et ses droits imprescriptibles... Ce devoir, reconnu jusqu'ici et observé par tous, nonobstant de graves raisons de politique ou de parenté, incombait d'autant plus au premier magistrat de la République française, lequel préside à une nation qui est unie par des rapports très étroits et traditionnels avec le Pontificat romain...

» Par suite, si le Chef de n'importe quelle nation catholique offense gravement le Souverain Pontife en venant rendre hommage à Rome — c'est-à-dire *au Siège pontifical même*, et dans le palais apostolique même (le Quirinal) — à celui qui, contre tout droit, *en détient le principat civil et en entrave la liberté et l'indépendance nécessaires*, cette offense a été bien plus grande de la part de M. Loubet... »

On ne saurait dire en termes plus clairs au roi d'Italie qu'il n'est pas chez lui à Rome, et que le Pape n'abandonne absolument rien de ses revendications.

Par la suite, et jusqu'à la mort de Pie X, aucune déclaration officielle n'est venue démentir ou atténuer ce langage. Plus même le Saint-Siège a semblé, par une décision exceptionnelle, user de moindre rigueur au profit des électeurs catholiques, plus aussi il confie à ses organes le soin de maintenir, en Italie et surtout devant l'étranger, que le *dissidio* reste entier et d'en expliquer les raisons. Ce ne sont pas seulement des raisons de dignité et des arguments de droit qui interviennent. Ce sont aussi des raisons pratiques, de garantie, pour ainsi dire, que le Saint-Siège croit devoir offrir à l'opinion publique étrangère ; c'est le rappel des titres des gouvernements à être rassurés sur les conditions d'exercice de l'indépendance pontificale. Ces deux derniers points sont dignes de remarque, en ce que, quinze ans plus tard, on les trouve singulièrement affaiblis, pour ne pas dire passés sous silence, dans l'apologie qu'on nous a présentée des accords du Latran.

Le risque majeur qu'on trouve alors au Vatican à s'engager dans la voie d'un compromis avec le Pouvoir rival, c'est de donner l'impression que le Pape hypothèque sa haute et nécessaire impartialité au bénéfice de l'Italie. Cette thèse, qui fut celle de la presse catholique du monde entier pendant un demi-siècle, a été présentée maintes fois, avec une autorité particulière, par l'*Osservatore romano*, dont il suffit de parcourir la collection pour trouver des modèles de démonstration sur ce point (1).

(1) Les nombreuses références qu'on trouvera dans cet ouvrage à l'*Osservatore romano* ne sont point un hommage aux mérites professionnels de cet illustre quotidien, dont, pendant longtemps, la réputation soporifique était fortement établie au Vatican même. Mais il est de

En 1913 l'ancien directeur de ce journal, le commandeur Angelini, écrivait :

« En même temps que la force et le prestige d'un Etat, les défiances et les jalousies montent autour de lui, parmi les autres peuples, et *il est à redouter que les progrès de la nation italienne* n'entraînent, par nécessité logique, une diminution de liberté et d'autorité de l'Eglise. Etroitement liée au sort d'un Etat puissant par l'emplacement territorial de son siège et *par la nationalité de son Chef suprême*, une Eglise qui s'accommoderait, docile et résignée, à de pareilles conditions, en viendrait à partager toutes les défiances, tous les soupçons, toutes les antipathies éventuelles que pourrait rencontrer dans les compétitions internationales l'Etat arbitre de ses destinées.

» Chacun de ses actes serait *soupçonné de connivence et de solidarité* avec les vues politiques de cet Etat et avec ses intérêts ; ses ministres et ses représentants à l'étranger, *par le seul fait de leur nationalité*, seraient considérés comme autant d'émissaires et d'instruments de la politique nationaliste (*sic*). Le Souverain Pontife lui-même, en sa qualité d'Italien, bien plus, de premier parmi les Italiens, cesserait d'être, devant les étrangers, le Pasteur suprême et le Maître universel de tous les croyants, pour se muer en un puissant facteur, en un précieux

fait qu'il passe pour l'organe ordinaire, peut-être le seul officiellement avoué, de la Secrétairerie d'Etat. De là l'intérêt incontestable qui s'attache à ses dires, à ses commentaires, et même, le cas échéant, à ses variations. Il exerce d'ailleurs ce privilège avec une hauteur qui souvent passe outre aux égards confraternels, et dont viennent de faire l'expérience nos compatriotes, MM. Maurice Pernot, Gentizon et Pertinax, à propos des accords du Latran.

coefficient de l'influence et même de l'hégémonie que l'Etat, grâce à lui, pourrait aspirer à exercer parmi les nations. »

C'est net, et l'on ne reprochera pas à l'*Osservatore romano* de ce temps-là d'avoir esquivé, ni les vœux à rebours qu'on formait alors au Vatican pour la prospérité de l'Italie politique, ni la présomption de partialité à laquelle reste exposé le Pape, dès l'instant que, privé des Etats pontificaux, il continue à résider à Rome.

En 1921, le comte dalla Torre, qui a succédé à M. Angelini, revient sur ce thème (1er septembre), et il déclare :

« Il est clair que, pour éviter les malentendus et les équivoques, le Saint-Siège devra *insister* d'autant plus, dans ses protestations, sur ce fait que l'attitude des autorités italiennes induirait à croire à une entente *même tacite*. Car les protestations ne sont que l'indice du *dissidio* qui, *aux yeux des peuples et des gouvernements, reste l'unique garantie de fait de la liberté et de l'indépendance du Saint-Siège.* » (1).

Puis, en 1922 (2 avril), à l'appui d'une nouvelle protestation de Benoît XV :

(1) Nous ne savons jusqu'à quel point, en 1921, l'attitude des autorités italiennes justifiait ces précautions. En sens contraire, il est digne de remarque qu'à toute époque certains hommes politiques ou publicistes ont émis l'avis que le *dissidio* n'était pas moins utile à l'Italie qu'au Saint-Siège. M. Fortis, par exemple, ancien président du Conseil, et réputé homme d'esprit, confiait un jour à un écrivain anglais : « L'Italie n'est pas encore assez grande pour avoir une politique mondiale. Et puis, les places sont prises : l'Angleterre, la France, l'Allemagne, les Etats-Unis nous ont devancés. Pourtant, il est une voix italienne qui se fait entendre et écouter d'un bout du monde à l'autre : c'est la voix du Pape. Il est

« La question dite *romaine* restera intacte, au détriment de l'Italie plus que de l'Eglise, et bien que les circonstances aient émoussé certains angles, aussi longtemps que le Saint-Siège n'aura pas obtenu la position qu'il doit avoir, en raison même du droit divin — c'est-à-dire une position qui, *non seulement* lui laisse, de fait et de droit, pleine liberté et indépendance dans l'exercice de sa mission universelle, mais qui soit en même temps, *pour les divers peuples et gouvernements, une garantie de cette indépendance.* » (1).

On voit ainsi que le *dissidio*, du point de vue du Saint-Siège, conserve sa pureté doctrinale bien au delà du règne de Pie X, et qu'au moment de la mort de ce Pape, sa portée pratique n'a guère été entamée que pour obvier aux périlleuses conséquences d'une « exclusive » électorale.

---

assurément précieux pour nous, précieux et commode (*sic*), que cette voix soit italienne. Mais à une condition. Il faut que le monde demeure persuadé que le Pape, quoique italien, reste *international*, indépendant de toute influence. Le jour où cette persuasion serait entamée par un doute, la Papauté ne nous servirait plus à rien. » (*Journal des Débats* du 4 février 1922.)

(1) Les traductions françaises sont extraites du journal *La Croix*.

CHAPITRE II

LA QUESTION ROMAINE
PENDANT LA GUERRE

La guerre de 1914 a contribué à préparer, entre le Saint-Siège et l'Italie, le rapprochement qui devait aboutir aux accords de 1929. Nous ne pensons pas seulement à l'enchaînement des causes qui ont abouti à la dictature de M. Mussolini, négociateur et signataire de ces accords. C'est surtout que, pendant toute la durée du conflit, les deux Pouvoirs ont été amenés, par la force même des choses, à user de ménagements, à nouer des rapports qui eussent été insolites en temps de paix, et même à sentir, aux heures particulièrement critiques, la nécessité d'une sorte d'assistance réciproque. Le pacte Gentiloni était issu d'un besoin impérieux de paix à l'intérieur, et il avait été le gage d'une alliance momentanée contre les perturbateurs de cette paix. Pendant la guerre, la sagacité du Vatican et celle du Quirinal furent mises à l'épreuve par une perturbation bien plus grave, dont les effets, si chacune des parties avait poussé jusqu'au bout la logique du *dissidio*, auraient affaibli et divisé l'Italie sans profit pour personne.

Cette logique, au premier coup d'œil, avait pourtant je ne sais quoi d'impérieux, et beaucoup de gens, en août 1914, à la veille de l'avènement de Benoît XV, se demandaient si l'ouverture des hostilités entre l'Entente et les Empires centraux n'allait pas provoquer une recrudescence de tension entre le Saint-Siège et l'Italie. Principes, intérêts, sentiments, souvenirs, n'avaient jamais encore été campés, depuis 1870, sur des positions plus propices à un mutuel défi.

Et d'abord, la Loi des garanties, que le Saint-Siège persistait à ignorer, n'avait pas prévu le cas où l'Italie serait engagée dans une guerre non seulement continentale, mais générale. Le cas venant à échoir, on avait beau jeu de se plaindre, au Vatican, de ce que cette lacune confirmait l'inanité d'un règlement unilatéral de la question romaine ; beau jeu aussi de prendre l'univers catholique à témoin de ce que le Pape, privé de ses anciens Etats, allait manquer de la liberté nécessaire pour ses communications avec l'extérieur. Pour commencer, les représentants accrédités auprès du Saint-Siège des Puissances auxquelles l'Italie aurait déclaré la guerre seraient-ils autorisés à continuer à Rome l'exercice de leurs fonctions ; jouiraient-ils des immunités attachées à la correspondance diplomatique et qui impliquent l'usage des télégrammes secrets ? L'encerclement matériel et moral qui avait fait l'objet de tant de protestations du Saint-Siège, encore que les conséquences en fussent assez anodines en temps de paix, pour le coup risquait de devenir effectif, et de porter une atteinte grave aux intérêts d'un Magistère qui doit être exempt d'entraves, partout et toujours.

Telles sont quelques-unes des questions qu'on se posait dans la Curie romaine, avant même que le gouvernement italien eût pris le parti de sortir de la neutralité. Mais elles n'avaient trait encore qu'à un ordre de difficultés inhérent à l'état de guerre considéré, pour ainsi dire, dans l'abstrait. Dans le concret, le vœu et l'intérêt certains du Saint-Siège étaient que le conflit fût aussi bref que possible et qu'en tous cas l'Italie s'abstînt d'y intervenir. Sur le premier point, il pouvait alléguer des raisons qui lui étaient propres : le trouble profond, presque incommensurable, apporté à la cohésion morale et au fonctionnement des organes de la communauté catholique ; l'éventualité d'un succès de la Russie, succès qu'elle eût partagé avec le schisme oriental ; celle d'un démembrement de l'Autriche, devenue, quoi qu'on dise, la véritable « Fille aînée de l'Eglise », du moins sur le plan politique.

Quant au second point, on n'était pas encore revenu, au Vatican, de l'idée préjudicielle que tout accroissement de prestige dont l'Italie pourrait s'enorgueillir serait acquis au détriment de celui de la *Santa Sede*. Il semblait alors — et cette opinion trouvait crédit même dans certains cercles diplomatiques — qu'il suffisait que l'un des plateaux de la balance fléchît pour que l'autre se relevât automatiquement. On était donc préoccupé, dans le milieu de la Curie, des conséquences d'une intervention, si l'Italie venait à « gagner la guerre ». Si elle venait à la perdre, le cas serait encore plus grave, car la question changeait de face, et, cette fois, elle passait du plan du prestige sur celui de la sécurité. On ne dira jamais assez combien, pendant les derniers mois de 1914, les craintes d'une révolution consécutive à une défaite italienne étaient répandues dans ce milieu qui, à son tour, n'hésitait pas à les diffuser. Elles n'ont du reste cessé, pendant presque toute la durée du conflit, d'accompagner, d'un rythme qui ne laissait pas d'exaspérer les patriotes, les incertitudes et les alternances de la fortune des armes, jusqu'au moment où celle-ci a définitivement abandonné les Empires centraux.

Si, en effet, cette révolution avait eu lieu, peut-être n'eût-elle épargné personne, mais à coup sûr le Vatican risquait de faire la première expérience des excès de la *piazza*. Il était inévitable qu'un conflit malheureux avec l'Autriche ravivât les souvenirs de l'authentique collusion, pendant la première moitié du dix-neuvième siècle, entre la politique de cette Puissance et celle des Papes, jusqu'à Pie X inclusivement. L'Autriche et le Vatican s'étaient montrés adversaires communs du *Risorgimento*, et, pendant que l'une tenait sous le joug l'Italie du Nord, l'autre assistait philosophiquement, pour ne pas dire en témoin approbateur, aux cruelles répressions confiées à un Hanau ou à un Radetzky. La tradition populaire mêlait cette compagnie aux ombres de Grégoire XVI et de Metternich. Et puisqu'une sorte de fatalité voulait, en 1914, qu'une fois de plus le Saint-Siège et l'Autriche parussent avoir des intérêts conformes, on pouvait tout craindre, en effet, de l'explosion d'une rancune poussée à bout par quelque revers.

L'Italie, au contraire — non pas toute l'Italie, car il en fallait décompter les divers partis *neutralistes* — celle du moins qui voulait la guerre, avait confiance dans les destinées du pays et elle les jouait littéralement sur une carte. Une fois la carte abattue, devenue solidaire de ses nouveaux alliés, elle devait pousser l'endurance et les sacrifices jusqu'à l'extrême limite, à peine de sortir du conflit humiliée et peut-être même diminuée. Une paix de compromis ne pouvait la satisfaire. Ses vieux comptes avec l'Autriche devaient être réglés ou jamais. En pareille occurrence, les progrès du schisme oriental ne l'inquiétaient guère. L'Italie consentait à ce que la Russie occupât Constantinople, pourvu que d'autres armées du Tsar fissent à temps leur apparition au delà des Carpathes, sur les derrières des généraux autrichiens. Elle voyait la victoire du côté où le Vatican sentait le péril.

On ne pouvait même pas dire que le Saint-Siège, une fois proclamée sa neutralité morale, eût la ressource de rester simple spectateur des événements. Le souci de son prestige, de sa dignité, des devoirs même qu'il estimait lui incomber, le pressait de se montrer présent, et même actif, au milieu de la tourmente. On avait dit jadis assez haut que Cavour avait fait un coup de maître en évitant que son pays fût absent de la guerre de Crimée et du Congrès de Paris. A plus forte raison le Vatican ne pouvait-il se résoudre à une attitude passive, devant un conflit généralisé. Qu'eût-on pensé de lui, s'il eût paru se désintéresser du sort des prisonniers de guerre, des internés, des évacués, et s'il eût ménagé les ressources de son crédit auprès des gouvernements, au lieu de les employer, comme ce fut le cas, d'une façon libérale et impartiale, au soulagement de tant de misères ? Et qu'eût-il pensé de lui-même si, disposant de tant de moyens de contact, et — à son estime — de persuasion, il se fût abstenu d'en faire usage pour hâter, coûte que coûte, l'avènement de la paix ? Mais, par la force des choses, ce but encore, ce but surtout, était en flagrante contradiction avec les intérêts de l'Italie, disons même, en toute sincérité, avec ceux de l'Entente. On ne sera donc point étonné qu'une fois engagé dans la conflagration, le gouvernement italien, quand il regardait de l'autre côté du Tibre, ait éprouvé en quelque sorte l'obsession d'un adversaire intérieur, adversaire sinon disposé à porter des coups, du moins capable de profiter de ceux qui seraient infligés par l'ennemi du dehors.

Telle se présentait, pour ainsi parler, la *carte des antagonismes* en 1914. Plus tard, ce fut l'affaire de la souplesse italienne, égale de part et d'autre, de dresser celle des transactions.

*
* *

Pendant la période de neutralité — du 1er août 1914 au 25 mai 1915 — il émane du Vatican, sous mille formes, une influence qui s'emploie à conjurer la participation de l'Italie au conflit. On y dispose, comme il est naturel, d'un ascendant considérable sur l'opinion et sur les organisations catholiques du pays. On y possède, ou l'on est censé y posséder, des renseignements étendus sur la puissance militaire et les prodigieuses capacités d'organisation des Empires centraux. On fait dès lors valoir, outre la témérité d'affronter de pareils adversaires, les avantages que peut s'assurer l'Italie en restant neutre — surtout, ajoute-t on, si elle sait les négocier. C'est la thèse que soutient, au même moment, M. Giolitti, quand, consulté par le Roi, il opine qu'il suffirait d'exiger de l'Autriche quelque rectification de frontière (le célèbre *parecchio*). C'est aussi celle du Parti socialiste officiel, qui met en avant, lui, des raisons « de classe », et dont la compagnie, en l'occurrence, paraît au Vatican aisément supportable.

Cette aristocratie ecclésiastique, qui pense bien connaître son pays, et qui lui garde un secret ressentiment d'avoir fondé un Etat moderne sur les ruines du Pouvoir temporel, a peine à prendre au sérieux les revendications irrédentistes. Elle estime que les ressorts et les ressources du peuple italien, abondants en tout autre domaine, lui ont été parcimonieusement départis en vue de la guerre. Elle le donne à entendre et beaucoup d'Italiens, loin d'en être choqués, trouvent que ce *neutralisme* là ne raisonne pas si mal

Certes, chacun sait que l'Autriche détient encore des provinces réputées complémentaires de l'unité nationale ; mais est-on sûr que le moment soit venu d'essayer de les arracher aux serres de l'Aigle double ? Les irrédentistes s'agitent, mais le gros du public reste perplexe.

C'est l'époque où des badauds font cercle, sans malveillance aucune, sur la place *Trinita dei Monti*, autour d'un petit chanteur ambulant, qui, pour mieux écouler sa marchandise, débite cette *canzonetta* :

> *Il generale Cadorna*
> *Scrive alla Regina :*
> *Se vuole vedere Trieste,*
> *Compra la cartolina* (1).

Si celui-là n'est qu'un aimable facétieux, Rome pullule de gens que l'Allemagne a su attacher à ses intérêts, et parmi lesquels on fait circuler des consignes, des « mots » à placer et à répéter. Dans les milieux populaires qu'on sait accueillants aux suggestions du clergé, il n'est pas rare d'entendre dire que les premiers revers éprouvés par la France, avant la bataille de la Marne, sont un châtiment du

(1) Le général Cadorna — écrit à la Reine — si vous voulez *voir* Trieste — achetez cette carte postale.

A peine est-il besoin de rappeler ici, même par voie d'énumération sommaire, comment se répartissaient alors les partisans et les adversaires de l'intervention italienne. En général, les premiers se recrutaient dans les partis de gauche, et plus spécialement parmi les irrédentistes, nationalistes, républicains, et chez les nombreux adeptes de la Franc-Maçonnerie ; les seconds, parmi les conservateurs de la vieille école, très attachés à la Triple-Alliance, les socialistes officiels, qui se réclamaient des principes de l'Internationale ouvrière, et la très grande majorité de ceux qu'on appelle en tout pays les *cléricaux*. Entre ces courants fort hétérogènes, prenait place une opinion flottante. Au-dessus s'établissait l'influence discrète, mais qui fut probablement décisive, de quelques hommes énergiques dont les conseils, à l'inverse de ceux de M. Giolitti, allèrent à la rencontre des sentiments personnels du Roi.

C'est sans aucun doute parmi les *interventistes* de 1914, au nombre desquels figurait déjà avec un certain

ciel. Cette République qui a rompu les relations diplomatiques avec le Saint-Siège, dénoncé le Concordat, laïcisé ses écoles, expulsé les congrégations, n'a, dit-on, que ce qu'elle mérite. Ne sait-on pas d'ailleurs qu'elle est gouvernée par les Loges ? Je me souviens avoir demandé un jour à un homme du peuple ce qu'on pensait des Allemands, dans le quartier du *Borgo*. Il me répondit textuellement : « *Dicono che vanno a Parigi per distruggere la setta.* » (*On dit qu'ils marchent sur Paris pour y détruire la secte...*) — Il n'avait pas trouvé ce propos tout seul.

Dans la partie cultivée du « Monde noir » et surtout au sein de la Curie et des grandes administrations vaticanes, on ne prend pas beaucoup de circonlocutions pour dire que la France, dans son propre intérêt, s'efforce de

relief M. Mussolini, que le Fascisme a recruté ses premiers adeptes (Francs-maçons exclus ; encore n'est-ce pas bien sûr). C'est contre le parti socialiste, et, jusqu'à un certain point, contre les organisations catholiques, également *neutralistes* de jadis, que M. Mussolini a engagé plus tard ses premières batailles. Le socialisme a été maté, du moins jusqu'à nouvel ordre. Une partie notable des catholiques se sont ralliés au Fascisme, et l'on peut conjecturer qu'aujourd'hui les réfractaires constituent l'exception. Mais il ne s'ensuit pas que le *Duce* fasse une égale confiance à ces ouvriers de la onzième heure et à ceux qui ont supporté avec lui la chaleur du jour. Il a même fait, pendant et après la guerre, une expérience de leur tempérament politique qui lui laisse entrevoir des difficultés à réaliser, au sein de cet élément, beaucoup de spécimens de l' « Homme italien », tel qu'il le conçoit. L'histoire et la psychologie peuvent donc aider à comprendre l'attitude qu'il a prise, même à la suite des accords du Latran, et qui — nous reviendrons incessamment sur ce point — étaient loin de répondre à l'attente de la Cour romaine.

« débaucher » l'Italie. D'aucuns, qui n'ont pas
oublié les temps paisibles du Pouvoir temporel, avant les mouvements nationaux de 1843
et de 1859, font remonter le procès plus haut,
et ils citent à leur barre la Révolution française.
C'est elle qui est cause de tous ces bouleverse-
ments, de toutes ces guerres, de toutes ces
unifications intempestives, bref, de ce qu'on
ose appeler le progrès. Le progrès ! A-t-on
bien réfléchi sur l'étendue redoutable et la
variété de ses conséquences ? — Un membre
du Sacré Collège, fort docte et d'ailleurs le
plus galant homme du monde, m'entretenait un
jour des événements devant de fort beaux
jeunes gens, membres de sa famille. Il ne
pouvait échapper que son discours avait du
rapport avec des préoccupations dont ils
étaient le sujet. Non, il ne parvenait pas à
comprendre qu'à cause du malheur des temps
on exigeât le service militaire des neveux d'un
cardinal de la Sainte Église romaine —
surtout en cas de guerre, ajoutait-il, en posant
sur moi un regard loyalement scandalisé.

M. Mussolini était à cette époque un personnage de réputation politique très discutée. Ses
antécédents le rendaient suspect même à la
partie de la bourgeoisie favorable à l'intervention. Elle n'osait pas approuver tout haut la
crânerie avec laquelle il envisageait, dans son
Popolo d'Italia, les destinées italiennes, ni
même le mérite qu'il avait de disputer la classe
ouvrière aux suggestions, monnayées par l'Allemagne, d'un pacifisme équivoque.

Au surplus M. Mussolini ne jouissait encore
d'une véritable notoriété que dans le Milanais

et dans les Romagnes, où, quelques années auparavant, il avait été très mêlé à des grèves et même à des émeutes agraires.

M. Gabriele d'Annunzio était alors beaucoup plus en vedette. Sa gloire littéraire était assez publique pour que le cabinet Salandra, vers la fin de la période de la neutralité, eût l'idée d'en faire une sorte de truchement entre le gouvernement, secrètement décidé à la guerre, et l'esprit public. C'est ainsi qu'il fut choisi, lui poète, pour prononcer à Quarto, près de Gênes, à l'occasion de l'inauguration du monument commémoratif de l'expédition de Garibaldi contre le Royaume des deux Siciles, un discours attendu presque fébrilement par toute l'Italie. Le discours était destiné à secouer les torpeurs et à viriliser le sentiment national. L'accueil devait permettre au gouvernement de tâter le pouls à l'opinion, une dernière fois. Quelques jours après, tout le monde eut l'impression que la guerre était proche, et c'est encore à M. Gabriele d'Annunzio qu'échut, quasi-officiellement, l'honneur d'en donner confirmation.

Peu de temps, en effet, après la cérémonie de Quarto, un soir, dans un théâtre de Rome — l'*Argentina*, il me semble — le régisseur annonce, au premier entr'acte, que M. Gabriele d'Annunzio désire dire quelques mots au public. Le Maître salue, s'approche de la rampe et déclare : « Je suis autorisé à vous dire que le pacte qui nous lie à l'Autriche est déchiré et que, demain, ce sera la guerre ». On avait mis, comme de juste, quelques spectateurs dans la confidence. Une foule de petits drapeaux sortent des loges ; en un instant la salle est électrisée ; l'ovation devient formidable. Au matin, bien entendu, toute la presse de la péninsule était déjà avisée par le télégraphe de cette scène historique, et nantie des instructions nécessaires pour abonder en amplifications sur l'*Alea jacta est*.

C'est ainsi qu'au réveil, en dépliant leur journal, l'immense majorité des Italiens furent tirés d'une perplexité dans laquelle leur gouvernement les entretenait à dessein, non sans sagesse, et qu'ils apprirent que leur pays confiait désormais son honneur et ses intérêts à la fortune des armes (1).

**.*

Dès la fin de 1914, des pourparlers avaient été engagés entre les gouvernements italien et austro-hongrois. Le *Livre vert*, publié plus tard par la *Consulta*, n'a révélé, bien entendu, qu'une partie de leur secret. En somme, chacun des futurs adversaires tâtait l'autre, l'Italie pour savoir jusqu'à quel prix le cabinet de Vienne évaluait le maintien de sa neutralité ;

(1) Je m'excuse auprès du lecteur de l'entretenir d'un épisode qui n'a guère de rapport avec mon sujet. Mais je crois qu'il n'a guère passé les frontières de l'Italie, encore qu'il fût assez caractéristique pour mériter un meilleur sort. Il s'en fallut d'ailleurs qu'à la suite de cette scène, M. Gabriele d'Annunzio rentrât dans la coulisse. Au contraire, les jours suivants, il prodigua sa présence et sa verve à travers Rome, de façon à remplir jusqu'au bout le rôle d' « animateur » qui lui avait été assigné. On le vit parcourir les rues, haranguant la foule, tantôt du haut d'un balcon, tantôt adossé au marbre d'une fontaine, à la façon d'un Savonarole prêchant la croisade patriotique ou d'un *condottiere* de la Renaissance athi-

l'Autriche, pour se rendre compte si son interlocutrice était bien réellement décidée à recourir aux armes, dans le cas où les concessions proposées lui paraîtraient insuffisantes. On sut plus tard que ces dernières ne portaient que sur des rectifications territoriales à peu près sans intérêt, du côté du Trentin.

Dans le public, on discutait passionnément, outre l'opportunité, la moralité même d'une dénonciation du traité de Triple Alliance. Le point d'honneur, le point de droit étaient fréquemment mis en cause, chez les *neutralistes*, surtout depuis que, dans le camp opposé, des sympathies pour la France s'étaient manifestées par la levée d'une légion garibaldienne, destinée à opérer dans l'Argonne. Cette légion, sous le commandement du colonel Peppino Garibaldi, fut très éprouvée dans un combat qui eut lieu autour de la position de la Belle-Étoile, vers la fin de décembre 1914. Le *Corriere d'Italia* ne manqua pas l'occasion de dévoiler les sentiments du milieu catholique dont il était le principal organe, en publiant un article sous le titre suggestif :

sant l'ardeur de sa troupe. Partout acclamé, souvent porté en triomphe, il fut, pendant plus d'une semaine, le véritable roi de la capitale.

J'avoue que ce point d'histoire ne m'aurait pas paru devoir trouver place dans cet ouvrage si, en lisant les discours de M. Mussolini sur les accords du Latran — discours si copieusement dédiés aux précurseurs du Fascisme — je ne m'étais aperçu que l'orateur n'a pas nommé M. d'Annunzio une seule fois. Sans doute, cet oubli conscient a été relevé en Italie par des gens qui ont les meilleures raisons de se taire ; mais il m'a paru équitable qu'il fût réparé par un Français, qui n'en a aucune d'imposer silence à ses souvenirs.

Morti... per chi ? (Morts... pour qui ?) Il soutint, sur le ton doctoral, la thèse qu'un bon citoyen ne devait risquer sa vie que pour sa patrie, oubliant qu'un demi-siècle plus tôt, des Français s'étaient enrôlés pour la défense des Etats pontificaux, et que le Saint-Siège — à cette époque — avait comblé de bénédictions et d'hommages les morts de Castelfidardo et de Mentana. (1)

Il était entendu que la Secrétairerie d'Etat au Vatican déclinait la responsabilité des articles parus dans le *Corriere d'Italia*, encore que personne n'ait jamais douté qu'elle en inspirât un certain nombre et que presque aucun ne se soit écarté sensiblement de ses directives. Mais l'*Osservatore romano* est publié sous son contrôle direct. Or, au moment où l'opinion publique italienne était saisie d'argumentations contradictoires touchant le respect qu'on doit aux traités, ce journal prenait nettement position, avec la compétence particulière qu'il se reconnaît en toute matière morale.

Un dilemme s'impose, auquel il n'est pas facile d'échapper.

Ou bien les intérêts qu'on voudrait faire prévaloir aujourd'hui, fût-ce par le recours aux armes, étaient, au moment de l'alliance, d'une

______

(1) Le *Corriere d'Italia* ne se contentait pas d'accuser d'avoir manqué de « patriotisme italien » les volontaires qui venaient de « mourir pour la France ». Dans le numéro et dans la colonne même où il citait le communiqué relatif au combat de la Belle-Etoile — communiqué commençant par ces mots : *Le premier régiment des volontaires italiens, fort de 2.500 hommes, a reçu samedi le baptême du feu* — il ne craignait pas d'exci-

importance telle que le fait de les méconnaître était incompatible avec la dignité nationale, et alors ils auraient dû constituer un obstacle insurmontable à cette alliance. Ou ces intérêts pouvaient être négligés, en considération des avantages prédominants que l'Italie trouvait à s'allier à l'Autriche, et dès lors, passer de cet état à l'hostilité déclarée, sous des prétextes égoïstes et opportunistes, équivaudrait à une double et *très honteuse manifestation de lâcheté* quant au passé et de *déloyauté* quant au présent.

Jusqu'en 1882, certes, la politique nationaliste ne pouvait pas compter sur l'approbation unanime des honnêtes gens. Mais, après tout, elle répondait exactement aux traditions et aux précédents de la politique libérale, qui avait profité pendant un demi-siècle des *embarras d'autrui (sic)* pour faire aboutir *la cause de l'unité nationale*. Mais aujourd'hui, après 32 ans d'alliance ininterrompue, et sans qu'aucun fait nouveau soit venu troubler l'équilibre international (?), la thèse nationaliste, à laquelle ne consentira jamais un *gouvernement qui se respecte*, doit être considérée ni plus ni moins que comme une auto-diffamation du pays, comme une *atteinte à la dignité et à l'honneur de la nation*, beaucoup plus précieux que n'importe quel agrandissement territorial (4 *mars* 1915).

ter l'indignation de ses compatriotes contre l'accueil prétendu que les Garibaldiens avaient reçu en France. Le style était, du reste, à la hauteur des intentions :

« Ils ont donc fini par obtenir d'être enrôlés dans cette fameuse Légion étrangère, qui comprend des aventuriers, des expulsés, des gens de tout pays et de tout acabit, sans compter quelque évadé de son bagne national. Les voici donc, ces pauvres *Macaronis*, sur la ligne de feu, en qualité non de légionnaires italiens, mais d'assimilés aux Turcos et aux Sénégalais. » (*Corriere d'Italia* du 31 décembre 1914.)

J'ouvre ici une parenthèse, encore qu'elle anticipe sur les développements qui seront consacrés aux accords du Latran.

En mars 1915 — deux mois avant la déclaration de guerre de l'Italie — la Cité du Vatican n'existait pas, même en rêve. Il n'était question ni de souveraineté territoriale sur une parcelle du sol romain, ni de timbres, ni de monnaie, ni de téléphones, ni de chemins de fer pontificaux. Le monde religieux considérait le Pape comme « prisonnier » — quoique l'expression fût un peu forte et inexacte à beaucoup d'égards — derrière ces Portes de Bronze, qui ne laissaient pas de délimiter clairement, et même assez majestueusement, le domaine où des millions de fidèles avaient coutume de lui apporter leurs hommages. En revanche on vient de voir avec quelle liberté le Vatican jetait le poids de son influence dans la balance de la politique italienne, et comme quoi son principal organe, par-dessus la tête des ministres et même du Roi, interpellait l'opinion publique pour lui dire : « Prenez garde, votre gouvernement s'apprête à commettre une félonie ».

Après tout, c'était rester dans la règle du jeu. Le Saint-Siège se trouvait en face d'un État qu'il avait refusé de reconnaître, vis-à-vis de qui il n'avait pris aucun engagement, auquel il ne demandait rien. Le *dissidio* avait été bel et bien maintenu depuis trente-cinq ans ; le moment n'était-il propice pour en moissonner le fruit ? Pourquoi la Secrétairerie d'État, organe politique, se serait-elle privée

de faire connaître sa pensée à des compatriotes,
à des catholiques, sans s'occuper de savoir si
elle créait ou non des embarras au gouvernement ? Sans doute l'*Osservatore romano* n'était
lu directement que par une clientèle restreinte
d'abonnés obligatoires ou résignés, mais des
leçons de ce genre étaient assurées d'un écho,
et elles l'eurent. Ce n'étaient pas les organes
catholiques secondaires de diffusion et de vulgarisation qui manquaient alors en Italie.

Imaginez maintenant, une fois la réconciliation acquise, une situation analogue, je veux
dire une Italie qui se dispose à la guerre et
une manifestation publique de l'*Osservatore
romano* tendant à démontrer que le cas équi-
vaut à une trahison. Avec quelle célérité la
Questure ferait saisir ce journal à la poste et
dans les kiosques de Rome ! Avec quelle ver-
deur le *Foglio d'Ordini*, l'*Impero*, *Il Tevere* et
tutti quanti prieraient la Secrétairerie d'Etat de
vouloir bien se mêler de ce qui la regarde !
Ou plutôt l'hypothèse n'est pas même imagi-
nable. Dès l'instant qu'il y a Concordat et
Traité constitutif d'une Cité du Vatican, le
Saint-Siège outrepasserait ses droits, s'il prétendait donner aux sujets du Roi des conseils
en matière de politique extérieure. Il y aurait
ingérence d'un Etat dans les affaires d'un
autre. L'écran est tombé. On est face à face.
On se doit des égards mutuels, et même contractuels.

J'espère que, du haut des fenêtres du Vatican, le 11 février 1929, au moment de l'échange
des signatures, à l'autre bout de Rome, on a

fait un salut d'adieu à cette belle indépendance de 1915, la *vraie*, la fille légitime du *dissidio*. — Elle le méritait bien : on ne la reverra plus.

*
* *

A compter du 25 mai 1915, l'Italie est en état de guerre avec l'Autriche-Hongrie. L'est-elle avec le Vatican ? La logique le voudrait, ou du moins elle le supporterait. Mais — heureusement pour tout le monde, y compris les Alliés — le bon sens et la politique parlent un autre langage. Ce sont là des conseillers qu'on écoute à Rome. La date du 25 mai inaugure plutôt une période de détente.

D'abord, de part et d'autre, on éprouve un intérêt majeur au maintien de l'ordre en Italie : ordre dans la rue, calme dans les esprits. La Cour romaine sait bien qu'en cas d'effervescence, elle ne serait point protégée contre les manifestations par sa popularité ; et de fait, plus d'une fois au cours de la guerre, des rondes de police, des piquets de cavalerie suppléent à celle-ci par leur présence aux alentours de la Basilique et surtout sur la petite place adjacente de la *Canonica di San Pietro*. Au Quirinal, on ne doute pas que ces précautions fassent partie de la « tenue » du gouvernement italien, non seulement en face de la guerre, mais au regard de l'histoire. Il lui importe de prouver que la Loi des garanties, en ce qui dépend de lui, fonctionne dans son esprit comme dans sa lettre.

Le Vatican, de son côté, sait devoir des ménagements à la partie de l'opinion catholique qui, sans être convertie — au fond — à la nécessité de la guerre, accepte sincèrement le devoir national. Le Pape Benoît XV pose une distinction très judicieuse entre la *Santa Sede* et l'Eglise d'Italie : si la première est neutre, tel n'est point le cas de la seconde. Aussi toute liberté est-elle laissée à l'épiscopat et au clergé de s'associer aux manifestations qui accompagnent le départ des troupes, soit qu'ils organisent des cérémonies religieuses, soit qu'ils publient des lettres pastorales où l'accent patriotique est très accusé. Les archevêques de Milan, de Gênes, de Modène, et surtout celui de Pise, le Cardinal Maffi, de vieille date ami personnel du Roi, donnent le branle à un mouvement sacerdotal qui tend à répandre la confiance et à faire ressortir les côtés élevés de l'épreuve. Dans beaucoup d'églises, on bénit les drapeaux, on célèbre des messes pour le succès des armes italiennes. Même certains Ordres religieux — celui des Capucins, entre autres, par une circulaire de son général, qui d'ailleurs se trouve être un Français, le P. Venance — témoignent qu'ils sympathisent avec ce premier élan.

Le gouvernement royal n'a pas moins besoin de faire appel à la concorde pour tenir sain le moral de la population civile, assurer le bon esprit dans l'armée et ménager le succès de ses emprunts. S'il se donnait, à l'égard de la *Santa Sede*, même les apparences d'une brimade, il froisserait, chez un grand nombre de ses sujets, des sentiments respectables. Par la suite, et surtout à certains moments, il se doutera que la plupart des Italiens qui franchissent la Porte de Bronze n'apportent pas au Vatican des nouvelles réconfortantes, et qu'ils n'en ressortent pas avec des encouragements à persévérer dans l'effort. Il sait même que, dans ce Palais, on doit s'attendre à trouver une sorte de confessionnal ouvert aux mécontents, aux timides et aux pessimistes, un enclos où l'on prodigue les soins à la fleur de la paix « blanche ». Mais sa dignité et son intérêt lui commandent de ne pas paraître s'en apercevoir, ou, s'il autorise la presse à se montrer plus clairvoyante, la censure est toujours là pour en contrôler les réactions.

Du reste, dès le début de juin, force est bien de prendre contact avec la Secrétairerie d'Etat par intermédiaires officieux — on n'en est jamais à court — pour régler les questions qui touchent à l'aumônerie militaire, aux affectations des prêtres en âge mobilisable, au fonctionnement du service religieux dans les hôpitaux. A défaut de Concordat, il faut improviser des solutions. Elles sont imprégnées, en général, d'un esprit conciliant et pratique. Au même moment surgit un problème sur lequel se porte l'attention non seulement de toute l'Italie, mais du monde. Les Empires centraux sont représentés auprès du Saint-Siège par l'ambassadeur d'Autriche, prince Schœnborn, et les ministres de Prusse et de Bavière. Doivent-ils être autorisés à continuer l'exercice de leur mission à Rome ; et si *oui*, dans quelles conditions ?

Sur ce point, l'article 11 de la Loi des garanties porte : — « Les envoyés des gouvernements étrangers auprès du S.-Siège apostolique jouiront dans le Royaume de toutes les garanties et immunités assurées aux agents diplomatiques par le Droit international ». Le principe est donc posé, mais reste-t-il applicable en cas de guerre ? Le gouvernement royal fait savoir qu'il y consent, qu'il ne met nul obstacle à la présence de ces diplomates, qu'il se porte au besoin garant de leur sécurité personnelle. Cependant il laisse entendre qu'il trouve des inconvénients graves, au point de vue de la défense nationale, à leur maintenir la prérogative d'échanger avec leurs gouvernements respectifs des télégrammes chiffrés — à moins que le Saint-Siège ne veuille bien prendre, sous sa propre responsabilité, le contrôle de ces télégrammes.

La Secrétairerie d'Etat répond à cette avance qu'elle sent le prix de la confiance qu'on veut bien lui témoigner, mais qu'elle en trouve le poids un peu lourd. D'ailleurs, ajoute-t-elle fort judicieusement, la dignité et la liberté de ces diplomates ne sauraient s'accommoder du contrôle du gouvernement auprès duquel ils sont accrédités, attendu qu'un des objets de leur mission est de le contrôler lui-même. Au fond, de part et d'autre, on est d'accord pour qu'ils s'éloignent. C'est le prince Schœnborn, c'est le baron von Mühlberg qui élèvent des objections contre leur départ ; leur profond attachement au Saint-Siège, disent-ils, est cause qu'ils éprouvent de la répugnance à abandonner leurs fonctions dans des circonstances si délicates. En réalité, ils seraient bien aises de provoquer, entre le Vatican et le Quirinal, un conflit que leurs gouvernements se chargeraient d'exploiter. Ils finissent cependant par comprendre que les intéressés directs sont résolus à leur refuser cette satisfaction. Ils se résignent à prendre le train qui doit les déposer à Lugano, tout proche de la frontière italo-suisse, où ils résideront jusqu'à la fin de la guerre, sans d'ailleurs perdre le contact, par des voies sûres et plus ou moins compliquées, avec les amis qu'ils laissent en Italie.

Les visites *ad limina* des cardinaux et des évêques étrangers font partie des traditions les plus anciennes et d'ailleurs les plus nécessaires du monde catholique. Bien que l'état de guerre doive contribuer à les rendre plus rares, encore faut-il savoir si le gouvernement italien les tolérera, au cas où elles seraient le fait de ressortissants des Puissances ennemies. A ce moment, en 1915, il n'a encore déclaré la guerre qu'à l'Autriche. Le cardinal Hartmann, archevêque de Cologne, peut donc se présenter au Consistoire du 6 décembre, à la veille des fêtes de Noël. Il assiste, en effet, à cette cérémonie, à côté du cardinal Bourne, de l'archevêque de Québec et de quelques autres prélats. Par contre, aucun de leurs collègues autrichiens ou hongrois n'est présent. Sera-ce matière à reprocher aux autorités italiennes de leur avoir refusé le passage de la frontière ? Il n'y paraît pas, car des notes de presse, discrètes et concordantes, donnent à entendre que l'abstention des prélats magyars et autrichiens est un pur effet de leur volonté.

Benoît XV avait prescrit l'organisation, au Vatican même, d'un bureau de correspondance destiné à faciliter les relations des prisonniers de guerre, des déportés civils, et des transfuges volontaires des régions occupées, avec leurs familles. On doit d'ailleurs lui rendre cette justice qu'il s'est employé de mille façons à obtenir des gouvernements belligérants des atténuations au sort des victimes de la guerre, soit par voie de dispositions générales, soit grâce à des interventions souvent efficaces dans une foule de cas particuliers. A Rome, on attribuait notamment à la Nonciature de Vienne autant de crédit auprès des autorités austro-hongroises que la *Croix-Rouge* italienne passait pour en être dépourvue. Le Vatican mit beaucoup de bonne grâce à faire profiter de ce crédit les personnalités de la Cour, du gouvernement, du Parlement, qui désiraient obtenir, en faveur d'un parent ou d'un protégé, prisonniers en Autriche, quelque adoucissement à leur condition ou l'examen bienveillant d'une requête. En retour, si un nonce ou quelque envoyé du Vatican avait à effectuer un déplacement au delà de la frontière italienne, la *Consulta* se faisait un plaisir de revêtir de son propre visa le passeport délivré par la Secrétairerie d'Etat et cependant dépourvu de valeur officielle auprès des Puissances — la France, par exemple — qui n'avaient pas ou qui n'avaient plus de relations diplomatiques avec le Saint-Siège.

Le gouvernement italien aurait été vraiment trop modeste — eu égard surtout aux comptes qu'il devait à l'opinion en pareil moment — s'il ne se fût félicité publiquement de l'heureuse expérience qui venait d'être faite de la Loi des garanties. Dans un discours prononcé à Palerme,

le 21 novembre 1915, M. Orlando disait de
cette Loi que, « monument de sagesse juridique
et politique, elle venait de surmonter un nouveau baptême du feu ». Benoît XV ne pouvait
laisser passer cette assertion sans paraître se
résigner au fait contre lequel ses prédécesseurs
avaient protesté sans relâche. Il se donna la
peine de répondre en personne, dans l'Allocution consistoriale du 6 décembre 1915. Tout en
rendant justice à l'esprit large dans lequel le
gouvernement avait interprété cette Loi, il
maintenait toutes les réserves que la Cour
romaine avait déjà faites à son sujet. M Orlando
crut devoir répliquer dans un autre discours,
et souligner : « La Loi des garanties est de
droit strictement national et interne, dépourvue
de tout caractère contractuel, de telle sorte
qu'elle peut se passer du consentement et de
l'approbation de qui que ce soit ». Cette fois,
il engageait un principe, il plaidait le droit
pour son pays de résoudre à lui tout seul la
question romaine. La presse catholique pro-
testa. Cependant la controverse resta courtoise
et elle ne ranima pas les ardeurs qu'en d'autres
temps cette question avait allumées.

Pendant tout le cours de la guerre, il ne se
passa guère que deux incidents notables de
nature à compromettre cette trêve tacite, dont
les heureux effets se faisaient sentir *caso per
caso*. On s'arrangea de façon à les canaliser.

Au début de 1917, Mgr de Gerlach, sujet
bavarois, camérier participant, membre de la
Famiglia pontificia et protégé personnel de
Benoît XV, se trouva compromis dans une
affaire qui intéressait la défense nationale et

qui avait soulevé au plus haut point l'émotion publique (1). Le personnage avait sa résidence à l'intérieur du Vatican, et, à toute rigueur, il eût été possible d'exciper en sa faveur du principe d'exterritorialité. La Secrétairerie d'Etat, d'accord avec le Ministère de l'Intérieur, se hâta, au contraire, de lui faire passer la frontière suisse, sous la surveillance de deux agents de la Sûreté. Par la suite, le tribunal militaire le condamna à la réclusion perpétuelle, mais les dispositifs de l'arrêt furent rédigés de façon à mettre complètement et explicitement hors de cause la responsabilité du Saint-Siège.

L'année précédente, le gouvernement italien s'était jugé en droit de déclarer propriété nationale le magnifique édifice connu sous le nom de Palais de Venise, ancienne résidence des ambassadeurs d'Autriche auprès du Saint-Siège, celui-là même dans lequel M. Mussolini vient de transférer sa résidence officielle. De plus, il en avait fait déplacer les archives. La Secrétairerie d'Etat avait probablement ses raisons de trouver intempestifs le récolement et l'examen de ces documents à la *Consulta*. En tous cas, elle éleva une protestation publique et assez vive contre ce qu'elle appelait une infraction aux usages internationaux. Presque toute la presse italienne s'insurgea à son tour contre cette critique, et, pendant quelques jours, des dispositions spéciales durent être prises pour éviter que l'émotion se communiquât à la rue.

---

(1) Il s'agissait d'un attentat commis, dans le port de Tarente, contre le navire de guerre *Leonardo da Vinci*, et qu'on attribuait aux manœuvres criminelles de l'espionnage austro-allemand.

Mais l'incident fut bref. Il était même si bien oublié, deux ans plus tard, qu'au début du mois de juillet 1918, le Saint-Siège et l'Etat signèrent une convention relative à l'échange amiable d'archives d'un autre ordre. L'Etat se dessaisissait de documents, tombés en sa possession après 1870, et qui concernaient l'ancienne administration vaticane ; le Saint-Siège lui remettait des dossiers, datant de la même époque, qui pouvaient encore offrir un intérêt juridique actuel. Les journaux firent remarquer qu'à plusieurs reprises des négociations avaient été entamées à ce sujet sans aboutir. C'est l'atmosphère de la guerre qui, cette fois, favorisait leur issue.

*
* *

La défaite de Caporetto, survenue vers la fin d'octobre 1917, plaça momentanément le Saint-Siège dans une situation très délicate, très observée, et qui, si elle faisait ressortir l'importance du rôle moral qu'il avait conservé en Italie, par d'autres côtés l'exposait à la critique, et, dans une certaine mesure, au ressentiment populaire.

La présence d'une armée austro-allemande d'invasion dans la Haute-Vénétie ne donnait à cette heure que trop raison aux pronostics pessimistes dont le Vatican avait été prodigue. Mais elle provoquait un retour, du même coup, sur toutes les infiltrations débilitantes, à travers le corps de la nation, qui prenaient leur source au même endroit. A force d'insister, par conversations et par la voie de la presse catholique, sur les malheurs de la guerre, sur l'incertitude du succès, sur la précarité des avantages attachés à ce succès, s'il avait lieu, les organes du Vatican avaient fini par déterminer dans certains milieux un état d'esprit prompt au découragement et qu'il suffisait d'exagérer un peu pour le qualifier *défaitiste* (1). Du reste, l'expression était entrée dans le vocabulaire usuel, et elle venait de recevoir une sorte de légitimation du fait qu'à Caporetto des troupes s'étaient débandées aux cris de : *Vive le Pape ! Vive la paix !*

A plusieurs reprises, depuis l'entrée en guerre de l'Italie, la presse officieuse allemande et austro-hongroise avait fait des allusions très claires aux châtiments que méritait cet ex-allié, et parmi lesquels la reconstitution du Pouvoir temporel pourrait bien trouver place. Le Vatican n'avait pas manqué de soutenir qu'il était étranger à ces menaces et qu'il refu-

---

(1) Il dépendait de la censure d'empêcher la publication des nouvelles tendancieuses ou des écrits de nature à provoquer un affaissement du moral de la nation. Mais il est impossible de contrôler une certaine *tonalité*, dans l'appréciation des événements, surtout quand elle s'enveloppe d'une sorte de détachement philosophique. A la même heure où, en France, la presse était à peu près unanime à représenter comme *juste* la cause des Alliés, et à tirer de cette constatation des motifs de confiance, certains articles du *Corriere d'Italia* faisaient des réserves sur ce point de vue et ils mettaient en garde le lecteur contre l'opinion que la justice finit par trouver sa récompense. On peut citer comme un modèle du genre celui qui a paru dans le numéro du 15 juin 1916, intitulé : *La paix, les torts et les raisons des belligérants*, sous la signature de M. le comte dalla Torre, qui a toujours excellé dans l'argumentation à spirales.

On y lisait :

« Il est étrange qu'au cours des guerres on se jette à la tête des accusations de mauvaise foi, de matérialisme,

sait de les prendre à son compte. Il laissait même entendre qu'il était moins dupe que quiconque des mobiles de l'affectation des Empires centraux à prendre si bruyamment ses intérêts. Pourtant, si l'offensive contre l'Italie avait eu des résultats décisifs, si la signature de l'armistice avait eu lieu pendant que les troupes austro-allemandes occupaient la Haute-Vénétie, il ne faisait guère doute que le Saint-Siège eût posé sa candidature à entrer au Congrès de la paix. Les Empires centraux l'eussent agréée, ne fût-ce que par rancune contre l'Italie — et la question romaine aurait eu des chances d'être évoquée de nouveau, dans des conditions favorables à un examen bienveillant. L'hypothèse, dans le fond, ne devait point paraître déplaisante au Vatican, mais il eût été infiniment dangereux pour lui de laisser croire qu'il s'y arrêtât.

D'un autre côté, le moment était propice pour faire sentir que le Pape continuait à jouir

de mépris du droit, alors que, en matière de morale privée, — dont on voudrait que s'inspirât la morale publique — personne n'attribue à une cause juste une issue nécessairement heureuse. Si nous voyons un brigand armé se jeter sur un homme sans armes, personne ne sera assez ingénu ou assez téméraire pour dire : la cause de l'homme désarmé est juste, donc c'est elle qui l'emportera. Tout le monde pensera, au contraire, sans manquer aux égards dûs à la justice, que cet homme sera tué. Eh bien, pourquoi devrions-nous être scandalisés, en matière de morale internationale, de ce que le bon droit de celui qui subit l'agression n'est pas une garantie contre sa défaite, de ce que lutter pour une cause juste n'entraîne pas la certitude du succès ? »

On ne pouvait dire aux Italiens, en termes plus galants, qu'on les laissait libres de croire au bien fondé de la cause alliée, tout en les prévenant qu'ils risquaient d'être battus. Ce sont là propos de guerre un peu légers.

en Europe d'un ascendant considérable, et peut-être même pour lui ménager le rôle de protecteur de l'Italie. Les ravages que les Allemands avaient exercés en Belgique et dans le Nord de la France avaient fait, sur l'esprit des Italiens, une impression assez forte pour que la perspective de les voir s'étendre à leur pays les remplit d'inquiétude. Les premiers jours qui suivirent la défaite de Caporetto furent, à Rome, des jours très sombres. La IVe armée avait été disloquée et des déserteurs étaient signalés jusqu'aux environs de la capitale. On disait partout que les aéroplanes allemands allaient rapprocher leur base, et beaucoup de gens, même parmi les agnostiques et les anti-cléricaux, tournaient leurs regards vers la Coupole de Saint-Pierre, à laquelle ils attribuaient secrètement la vertu de les tenir éloignés. L'incertitude régnait : on commençait à se demander si, au bout du compte, ce n'était pas le Pape qui avait vu juste ? Dans le peuple se faisait un rapprochement superstitieux entre la brèche de la *Porta Pia* et celle que l'ennemi venait de s'ouvrir. On entendait dire à voix basse : « *Breccia per breccia* » (*Brèche pour brèche*). A aucun moment le retour d'une partie de l'opinion publique en faveur du Vatican ne fut sensible, en même temps que l'autre partie lui imputait plus rigoureusement, et même avec une colère contenue, quelque responsabilité morale dans les défaillances du soldat.

Benoît XV — indépendamment des mobiles d'humanité qui furent toujours chez lui très sincères — avait ainsi double raison d'intercéder publiquement auprès des Souverains d'Allemagne et d'Autriche pour les prier de ménager les provinces envahies. Il se couvrait ainsi contre le reproche d'indifférence aux maux qui menaçaient sa patrie, et il apportait aux Italiens une preuve que la Papauté reste capable de leur fournir une aide efficace, dans des circonstances où la parole de leur gouvernement risque fort de n'être point écoutée. L'Allemagne et l'Autriche eurent égard à son intervention. Les troupes d'occupation se conduisirent beaucoup plus humainement en Vénétie que dans nos provinces du Nord, en Belgique et surtout en Serbie. ans doute cette relative modération n'était pas l'effet exclusif de la démarche pontificale ; elle était conseillée par des raisons politiques. Néanmoins le sentiment national, très en garde contre la politique de Benoît XV, l'admit presque, à cette heure critique, au bénéfice de la réhabilitation.

D'autant que, par certaines mesures fort opportunes, et qui étaient bien de son ressort, le Vatican vint en aide à la réaction patriotique dessinée dès le lendemain du désastre. Il donna des instructions, qui n'étaient pas superflues, pour que le clergé des régions envahies restât à son poste. Tel évêque, qui avait déserté le sien, soi-disant pour apporter des nouvelles, reçut, avec une semonce méritée, l'ordre de rentrer dans son diocèse. D'entente avec le gouvernement, les curés des paroisses de la province romaine furent compris parmi les autorités qualifiées pour enregistrer la soumission des déserteurs, auxquels l'impunité avait été promise. Du reste, le mouvement de retraite de l'armée italienne fut arrêté assez promptement et l'arrivée des renforts français rétablit la situation.

Cette phase de la guerre mérite de n'être point passée sous silence dans l'histoire du *dissidio*. On sentit, à ce moment, comme un souffle de solidarité passagère entre le Pape, Italien de naissance, évêque de Rome et le pays envahi, une fois de plus, par les Puissances germaniques.

*
* *

Pour qui se borne à considérer les choses du point de vue intérieur, les rapports entre le Saint-Siège et l'Italie sont, à ce moment, détendus. Ils accusent même un penchant à l'oubli de ce qui divise, à la recherche d'une sorte de *modus vivendi*, qui, après tout, pourrait survivre à la guerre. Mais la politique extérieure de l'un et de l'autre gouvernement ne porte pas trace du même esprit. Elle témoigne au contraire d'un antagonisme fondamental, et presque croissant, à mesure que le dénouement approche.

Les buts de guerre de l'Italie sont aussi simples que ceux de M. Clemenceau : vaincre, et — bien entendu — tirer le meilleur parti possible de la victoire. Ceux du Vatican, plus complexes, embrassent la cessation du carnage, l'arrêt des secousses imprimées à l'organisme catholique (par la dislocation de ses cadres, la mobilisation de ses ministres, la suspension des services du Culte, la désunion des esprits, l'animosité des cœurs), mais sans doute aussi la reconnaissance des titres du Saint-Siège à s'interposer, dans la mêlée sanglante, et peut-être à faire admettre son autorité médiatrice. N'est-ce point l'heure propice pour mériter la confiance des peuples en montrant le Pape plus sensible et plus avisé que les gouvernements belligérants ? Tel est le rôle à saisir, aussi facile à justifier en théorie que difficile à faire accepter dans la pratique. Il implique une conception de la paix qui exclut la recherche des origines de la guerre, la discrimination des abus qui en ont souillé la conduite, et même qui s'oppose à des remaniements profonds dans la structure territoriale de l'Europe. La paix « blanche », qui remettrait les choses à peu près au point où elles étaient en 1914, qui éteindrait les créances par voie de compensation, voilà le troisième but, qui, non seulement se concilie avec les deux premiers, mais qui contribue à les établir sur un plan transcendant. Il est clairement accusé dans la célèbre Note pontificale du 1ᵉʳ août 1917.

Si ce programme soulève de multiples objections du côté des Alliés, il inflige un démenti moins acceptable encore par l'Italie. Cette Puissance, à qui la guerre n'a point été imposée, l'aurait donc faite pour rien ? Pour rien, ce n'est pas assez dire, car, indépendamment des sacrifices des vies humaines et des pertes matérielles, l'événement donnerait raison aux anciens *neutralistes* contre les *interventistes*, à la clairvoyance du Vatican contre les illusions de ceux qui croyaient poursuivre l'œuvre du *Risorgimento*. Il achèverait de briser un ressort moral tendu et maintenu non sans peine, et tout l'avantage resterait à la politique qui, de l'autre côté du Tibre, n'a pas encore pris son parti de faire le sacrifice de Rome à l'unité nationale.

Aussi les hommes qui assument en Italie les responsabilités de l'heure tiennent-ils pour suspectes et lourdes d'arrière-pensée toutes les démarches qui émanent du Vatican en vue de la paix. Ils vont quelquefois jusqu'à le dire tout haut. Dans un discours prononcé à la Chambre, au mois d'octobre 1917, M. Sidney Sonnino, ministre des Affaires étrangères, orateur d'ordinaire très contenu et auquel même souvent on a reproché sa sobriété, ne craint pas de dénoncer, à la charge du Vatican, une connivence *da parte nemica*, mettant ainsi en doute non seulement l'impartialité, mais la sincérité même de la politique adverse.

Il n'entre pas dans notre sujet de rechercher si cette accusation mérite d'être retenue. Nous avons toujours été d'avis que, même au cas où les sympathies de la Cour romaine eussent penché sans réserve du côté des Empires centraux, on n'a pas besoin de cette explication pour rendre compte de son attitude pendant la guerre. Elle jouait son jeu, voilà tout. C'était aux Alliés à jouer le leur, sans s'arrêter à des invites dont ne s'accommodaient ni leur intérêt, ni sans doute leur dignité. Ils l'ont fait. D'ailleurs il se passera bien des lustres avant que l'histoire prononce. Le dossier n'est pas complet. Il y manque non seulement ce qui n'est point encore sorti des archives diplomatiques, mais cet ensemble de témoignages, de recoupements, de révélations, peut-être d'aveux, qui finissent — mais seulement à la longue — par modifier la vérité officielle à l'avantage de la vérité nue. Quelques points, en particulier, qui pourraient servir à éclaircir le reste, sont encore dans l'ombre. Par exemple quels furent le caractère et la portée exacte des ouvertures faites au président Wilson — par l'intermédiaire de Mgr Bonzano, délégué apostolique à Washington et de l'archevêque de Baltimore — à différentes époques, notamment au début de mai 1915, la veille de l'entrée en guerre de l'Italie? Ou encore, les initiatives prises par le Pape en faveur de la paix étaient-elles bien *proprio motu*, je veux dire à l'abri du soupçon d'avoir été inspirées par Vienne ou Berlin? Le public et presque tous ceux qui ont mission de le renseigner se trouvent en présence d'un fouillis d'affirmations, de dénégations, d'interprétations péniblement extraites de documents contemporains, et sans doute aussi de commérages. Ceux qui en savent un peu plus long obéissent, en se taisant, à un scrupule très raisonnable, professionnel ou même personnel.

Ce que l'histoire, pour le moment, peut retenir de cette période, ce sont deux ordres de faits qui, sous le signe d'une apparente contradiction, ont concouru de loin, chacun selon sa portée, à la réconciliation de 1929.

D'un côté Benoît XV n'est parvenu ni à hâter la paix, ni surtout à en être l'arbitre. L'exclusive du gouvernement italien, qui tendait à l'écarter du Congrès final, obtient son plein effet. Il est acquis que la question romaine n'a pas la moindre chance d'être évoquée à ce Congrès, d'autant que les Empires centraux en sont exclus. C'est un avantage certain que l'Italie vient de prendre sur le Saint-Siège. Mais au Saint-Siège, ce qu'on retient surtout de cet échec international, c'est que l'Europe nouvelle est encore moins disposée que l'ancienne à s'entremettre entre l'Italie et lui.

D'un autre côté l'expérience vient de prouver que certaines conséquences logiques du *dissidio* sont de moins en moins supportables, surtout dans les temps difficiles. Au Vatican et au Quirinal la même réflexion s'impose. L'opinion publique italienne adapte l'enseignement au simplisme de ses points de vue et à la familiarité de son langage. Elle commence à trouver que deux voisins, habitant la même maison et qui ne sont pas encore résignés à échanger un salut dans la rue, peuvent tout de même avoir des intérêts domiciliaires communs.

CHAPITRE III

DE LA GUERRE AU FASCISME

A partir de 1919, le Saint-Siège avait à présider à un immense travail de réorganisation rendu nécessaire tant par le trouble apporté à la vie catholique durant le conflit que par les changements survenus dans la structure politique et territoriale de l'Europe. En fait, le catholicisme s'est relevé beaucoup plus rapidement que les nations des catastrophes accumulées au cours des cinq années précédentes. Outre que, presque partout, il a été constaté à cette époque un réveil du sentiment religieux, il n'est guère d'Etat qui n'ait éprouvé le besoin de prendre ou de reprendre contact avec le Vatican.

Les vaincus — Allemagne, Autriche, Hongrie — n'avaient vraiment pas à se plaindre de son attitude pendant la guerre. Ils faisaient alors ouvertement appel à son influence pour obtenir une atténuation au jugement porté sur leurs torts, et, s'il se pouvait, au traitement qu'ils avaient mérité. Les Etats constitués ou agrandis à la suite du démembrement de l'Autriche-Hongrie et de la Russie (Pologne, Tchéco-Slovaquie, Roumanie, Yougoslavie,

Pays baltes) avaient tous, plus ou moins, des raisons d'ordre intérieur pour s'assurer la bienveillance de la Cour romaine et l'offrir à leurs sujets catholiques en gage de leurs intentions. Au bout du compte, cette Cour, qui avait assisté avec satisfaction à la chute de la dynastie Romanow, mais appréhendé au plus haut point celle des Habsbourg, allait recueillir de l'une et de l'autre une sorte d'héritage, en forme de nouvelles attaches diplomatiques, aptes à multiplier ses occasions de contact avec les gouvernements et peut-être à la rapprocher des peuples. Les événements — même ceux qu'elle avait le plus redoutés — apportaient ainsi un hommage à la vitalité du catholicisme et une confirmation du fait historique que Rome, où réside le Chef, en est l'âme.

En revanche, à pareille heure et dans les milieux politiques, personne ne s'occupe plus de la question dite « romaine ». Elle est considérée comme au point mort, ou tout au moins dépourvue de tout intérêt pratique et actuel. Seule la presse catholique y fait encore des allusions passagères ; mais c'est seulement au sujet d'une candidature éventuelle du Saint-Siège à la Société des Nations. L'argument foncier est toujours le même : le Pape dispose d'une autorité morale unique au monde ; se pourrait-il donc qu'on le tînt à l'écart d'une Institution qui se donne pour tâche de donner des bases juridiques à la pacification et même à la coopération des peuples ? L'Assemblée de Genève — à laquelle la même presse fait reproche, de temps en temps, d'origines protestantes, israélites, maçonniques peut-être —

ne nourrit-elle pas une ambition démesurée, quand elle prétend se passer d'une influence authentiquement moralisatrice, pour ne pas dire purificatrice ?

Tel est, en gros, la thèse. Pendant longtemps le Vatican s'est borné à la laisser plaider, et beaucoup de gens se demandaient si ses intentions étaient bien conformes. Peu à peu la controverse a dégagé les raisons fort substantielles qui s'opposent à ce que le Saint-Siège, même s'il en était sollicité, adhère au Préambule du traité de Versailles. On a fait valoir, en particulier, qu'il ne saurait s'associer aux mesures coercitives, prévues par l'article 16, contre un Membre infidèle à ses engagements. Le dernier état de cette question, d'après les publications qui passent pour refléter la pensée romaine, c'est que le Souverain Pontife ne refuse pas de suivre avec bienveillance les travaux de l'Assemblée, mais du dehors, un peu à la façon des « observateurs » américains, et dans la mesure où les sujets traités ont du rapport avec son magistère.

*
* *

En Italie plus qu'ailleurs on a besoin, en 1919, de vivre en paix avec le Vatican. La commotion de la guerre a fort éprouvé les nerfs de ce pays. Il est mécontent de ses alliés. La fausse sortie de ses plénipotentiaires, pendant le Congrès de la paix, donne à croire à l'opinion publique que ses sacrifices sont méconnus, ses intérêts négligés. Peu s'en faut qu'il traverse une de ces crises de xénophobie qui sont heureusement peu durables, mais pendant lesquelles il donne libre cours à son irascibilité. La presse tient un langage emporté contre la France, peut-être surtout — à ce moment — contre l'Angleterre. Quant à M. Wilson, son voyage à Rome, peu de temps après l'armistice, donne lieu à des ovations délirantes ; parmi les souvenirs qu'il en rapporte figure une petite louve en or, cadeau de la Municipalité. Mais sitôt qu'on apprend, quelques mois plus tard, qu'il s'oppose aux revendications italiennes sur Fiume, le revirement est complet. La police doit disperser une cohue qui se porte vers l'ambassade des Etats-Unis aux cris de : *Ridacci la lupa ! (Rends la louve !).* — Au demeurant, la situation économique est médiocre ; il y a dans l'air de graves symptômes, non seulement de désillusion nationale, mais de malaise social.

Les gouvernements qui vont se succéder, suivant un rythme accéléré, de 1919 à 1922 — Nitti, Giolitti, Bonomi, Facta — ont tous intérêt à ménager la *Santa Sede*. Ils sentent d'ailleurs que le surcroît de force morale dont elle dispose ne sera pas employé, pour le moment, au détriment de l'Italie ; qu'au contraire elle peut contribuer à calmer un état que M. Philippe Méda, député et ancien ministre catholique, n'a pas craint de qualifier : « saturation électrique ». Comment d'ailleurs se pourrait-il que le Pape, qui continue à se présenter partout en pacificateur, en allié même des pouvoirs publics contre les éléments de désordre, se dérobe à cette mission dans le pays même qui se fait gloire d'abriter le Siège apostolique ? Si donc rien encore n'autorise à croire que, du haut de ce Siège, on commence à récuser la politique fondée sur le *dissidio*, on peut s'attendre à des tempéraments, renouvelés des jours difficiles de 1913, et dont une autre heureuse expérience a été faite pendant la guerre.

*
* *

Benoît XV — à qui l'on a fait un peu gratuitement, je crois, la réputation de nourrir des sentiments *politiques* italophiles — était un homme de cœur, qui prenait sincèrement part aux épreuves publiques et privées contemporaines de son Pontificat. Ancien disciple en diplomatie de Léon XIII et collaborateur du cardinal Rampolla, il serait bien hardi de conjecturer qu'il entrât dans sa pensée d'ouvrir la voie à une réconciliation officielle avec l'Italie. Mais peut-être le Secrétaire d'Etat dont il avait fait choix, après la mort du cardinal Ferrata, en la personne du cardinal Gasparri, était-il plus enclin à s'accommoder de cette perspective, et l'intérêt actif qu'il n'a cessé de témoigner par la suite aux affaires intérieures italiennes peut déjà passer pour un signe qu'il ne la perdait pas de vue.

Il est donc entendu que le *dissidio* subsiste : dans ses termes, mais non pas dans sa rigueur pratique. Nous allons assister, jusqu'à la signature des accords du Latran, pour ainsi dire aux oscillations d'un balancier entre la doctrine et les accommodements. Souvent les actes ou les attitudes du Saint-Siège laisseront l'impression qu'il se prête à un *ravvicinamento*, qu'il s'en faut de peu que la résistance des principes s'amollisse, sous la pression des faits. Mais, presque immédiatement, surgit une déclaration, officieuse ou même souvent officielle, de laquelle on est porté à conclure que les principes ne cèdent pas et que les faits ne préjugent rien. Pourtant, parmi ceux-ci, il s'en trouve de bien éloquents.

En 1919, les cardinaux Maffi, archevêque de Pise, et Richelmy, archevêque de Turin, sont autorisés à recevoir du gouvernement royal les insignes des S. S. Maurice et Lazare. La même année, quand le cardinal Giustini se rend en Palestine, en qualité de Légat du Pape, pour présider les fêtes du septième centenaire de la fondation de la Custodie à Jérusalem, il s'embarque à Tarente sur le vaisseau de guerre *Quarto*, battant pavillon des princes de la Maison de Savoie ; et partout, en cours de voyage, les honneurs lui sont rendus par les autorités militaires ou consulaires italiennes. Si ces marques de respect, dûment agréées, ne font pas tomber les écailles des yeux qui persévèrent à regarder le gouvernement royal comme intrus à Rome et « spoliateur », c'est qu'il est décidément des ophtalmies incurables.

On sait que les prédécesseurs de Benoît XV avaient mis obstacle à la visite des souverains catholiques à Rome et que la rupture des relations diplomatiques avec la France a procédé pour une large part de cette prohibition. Un passage de l'Encyclique *Pacem Dei munus*, de mai 1921, fait connaître que le Saint-Siège renonce à la maintenir : « En vue, dit Benoît

XV, de prêter notre concours au rapprochement des peuples, Nous ne serions pas éloigné d'atténuer la rigueur des règles justement établies à ce sujet par les Papes précédents ». En fait, l'atténuation est acquise, et ce sont les souverains belges qui en profitent pour la première fois, depuis 1870. Mais la même Encyclique souligne : « Cette concession, conseillée ou plutôt réclamée par la gravité des circonstances, ne doit pas être interprétée comme une renonciation à des droits sacro-saints, comme si le Saint-Siège asquiesçait à la *situation anormale* dans laquelle il se trouve présentement ». Et l'*Osservatore romano*, préposé ordinaire à la mise au point des intentions pontificales, précise qu'il n'y a rien de changé à « ce qu'on appelle la question romaine ».

Nous verrons que, depuis les accords du Latran, les représentants du Saint-Siège prennent part, à côté de ceux de l'Etat, à grand nombre de cérémonies publiques — et rien de plus naturel. Ce qui pouvait le paraître moins, en 1922, c'est que le cardinal Gasparri, Secrétaire d'Etat, acceptât une invitation au banquet organisé par l'administration laïque du sanctuaire de Notre-Dame de Lorette (*Santa Casa*), en compagnie de hauts fonctionnaires italiens. La *Santa Casa* avait été confisquée, à la suite des événements de 1870, par le gouvernement royal. Elle faisait donc partie des « usurpations » d'un régime « spoliateur ». C'est en usant de ces termes même que l'*Osservatore romano* déclara pourtant que la présence d'un Légat du Pape au banquet de Lorette ne portait atteinte à aucun principe, et je pense que le point fut admis de part et d'autre sans difficulté. Ainsi, on effeuillait peu à peu les conséquences du *dissidio*, jusqu'alors déclarées normales et même nécessaires, mais en prenant la précaution de déclarer le germe intact.

*
* *

La reprise des relations diplomatiques avec la France ne pouvait manquer de soulever, en Italie, des commentaires ombrageux, quelquefois même un peu amers. Ainsi, disaient les catholiques, la Puissance qui a failli au pacte concordataire et mis la laïcité à l'ordre dû jour retrouve le chemin de la Cour romaine, sans passer d'ailleurs par Canossa. Son ambassadeur va reprendre rang au sein d'un corps diplomatique qui s'accroît sans cesse, et dont l'Italie seule est exclue. Et son influence... Mais je pense que, sur ce dernier point, les appréhensions italiennes sont apaisées. Quand l'*Idea nazionale* déclarait, à cette époque, que le gouvernement royal serait *deux fois* absent du Vatican, du fait de la présence de la France, elle commettait une double erreur. Son pays n'a jamais été absent autant qu'elle le disait, même au temps du *dissidio*, et nous venons d'en fournir des preuves. Le nôtre, absent pour de bon, pendant une quinzaine d'années, se contente, depuis la *reprise*, d'une présence qui n'a vraiment rien d'encombrant.

Le résultat immédiat de l'apparition d'un négociateur français à l'ombre de la Coupole de Saint-Pierre fut de ranimer la flamme vacillante de la question romaine. Une foule de publications italiennes, de doctrine et même de simple information, rappelèrent que cette question avait besoin d'être remise à l'étude. Elles abondèrent en suggestions dont beaucoup semblaient émaner du gouvernement lui-même. Il est fort symptomatique, en tous cas, qu'au mois de septembre 1921, le Bureau de presse du Ministère des Affaires étrangères se donna la peine de former une collection d'articles choisis, non sous le titre de *Livre vert*, comme on l'a dit à tort, mais sous un autre, beaucoup plus apte à éveiller l'attention publique : *Une nouvelle discussion sur les rapports de l'Eglise et de l'Etat en Italie*. Le tri avait été fait de façon à ménager les susceptibilités du Vatican, en même temps que l'amour-propre des auteurs, parmi lesquels figuraient déjà M. Mussolini et son futur ministre de la Justice, M. Rocco, en compagnie du comte dalla Torre, président général de l'*Action catholique* italienne.

Cette publication officielle, survenant au cours d'une controverse limitée jusqu'alors à l'expression d'opinions privées, pouvait être interprétée comme une avance. Elle fournit une fois de plus au Saint-Siège l'occasion de prendre acte avec aménité des intentions gouvernementales, mais aussi de déclarer qu'il se maintenait sur ses positions. Il se contenta de toucher, par ses organes — *Osservatore romano* et *Corriere d'Italia* — les deux points suivants : la mission confiée au Pontife romain requiert une absolue indépendance, non seulement de fait, mais de droit ; cette indépendance ne saurait se concevoir sans une base territoriale.

Au fond, sous couleur de réplique aux apologistes de la Loi des garanties — dont les écrits figuraient en grand nombre dans ce recueil — c'était tout un programme. On y retrouve déjà, presque mot pour mot, la thèse qui devait être présentée plus tard, à l'appui des accords du Latran.

*
* *

Entre temps, ou plutôt dès les premiers mois de 1919, commençait à se constituer et à recruter de nombreux adhérents le *Parti populaire* italien, qu'il nous suffira de désigner dorénavant, selon l'usage, par les lettres P. P. I. Nous ne relèverons, dans son histoire fort instructive à beaucoup d'égards, que ce qui intéresse notre sujet.

L'autorisation — et même fort probablement le conseil — donnés aux catholiques d'Italie de s'organiser en parti marque la troisième étape de la politique du Vatican dans ses rapports avec la vie constitutionnelle du Royaume.

Léon XIII leur avait intimé la défense formelle de prendre part aux élections politiques. C'était un système, dénué, il en faut convenir, de tout esprit de transaction avec César, qu'on considérât César sous la forme de la Puissance publique ou sous celle du suffrage universel. Il ne fut ni sans efficacité, ni même sans péril, puisque nous avons vu cette grève aboutir à faire le jeu des éléments subversifs.

Le second système fut employé sous le Pontificat de Pie X, à la veille des élections de

1913. En autorisant chaque Ordinaire à lever le *Non expedit,* compte tenu des circonstances locales, le Saint-Siège lui remettait, en somme, le sort du scrutin, dans un grand nombre de circonscriptions où l'appoint des voix catholiques pouvait seul en décider. L'épiscopat italien disposait de la sorte d'une influence électorale directe et fort appréciable. Cependant, toujours attentif à la réserve que les concessions ne sauraient engager les principes, le Saint-Siège ne reconnaissait aux électeurs, affranchis du *Non expedit,* que le droit de vote individuel. Il continuait à s'opposer à tout groupement concerté entre catholiques en vue d'un but parlementaire. Les élus restaient soumis à la même règle. On a prêté à Pie X cette formule : des catholiques députés, *oui,* des députés catholiques, *non.* Si la phrase n'est pas authentique, elle est du moins typique. Elle rend parfaitement compte d'une attitude qui n'a eu ni sujet, ni même occasion de changer de 1913 à 1919, puisqu'aucune élection législative n'a eu lieu pendant la guerre.

Le troisième système est inauguré sous le Pontificat de Benoît XV, dès le lendemain de la signature de l'armistice. D'abord il va de soi que le *Non expedit* est tombé en désuétude. Ensuite la Secrétairerie d'Etat autorise, non pas la constitution d'un parti catholique, surtout sous ce nom même, mais la création, avec le concours des catholiques, et au besoin sur leur initiative, d'un parti nouveau qui sera baptisé *populaire,* de façon à tenir ses rangs largement ouverts, et à n'effrayer personne. Le mode même employé pour ménager la transition est assez subtil. L'autorisation n'est donnée qu'indirectement, en ce qu'elle laisse les catholiques libres de se *détacher* de la seule organisation admise jusqu'alors par le Saint-Siège — l'*Union populaire*, apolitique par définition, exclusivement adonnée à l'action religieuse et sociale — pour s'affilier à une autre, celle-là de caractère politique. Les raisons et les nuances de cette distinction ont été exposées, avec autant de clarté que le sujet peut en souffrir, dans la *Civiltà cattolica* du 23 janvier 1919 (citée en français par les *Nouvelles religieuses* du 1er février suivant) :

Des événements d'une haute importance pour l'organisation des catholiques d'Italie s'accomplissent en ce moment. Jusqu'ici l'*Union populaire* avait groupé les catholiques sur le terrain religieux, moral et social. Cette *Union* allait-elle revêtir le caractère d'une association politique ? La guerre, qui a changé tant de choses, allait-elle orienter dans le sens d'une participation directe aux affaires publiques un mouvement qui s'en était autrefois *jalousement désintéressé* ? Le Souverain Pontife, qui a toujours dirigé de très près l'*Union populaire*, n'a pas crû devoir l'engager dans cette voie. Elle reste ce qu'elle était jadis...

Mais, d'autre part, les catholiques italiens doivent-ils abandonner la direction du pays aux radicaux, aux socialistes, à tous leurs adversaires ? Dans ce grand bouleversement qui secoue l'Europe ne sont-ils pas appelés à être les facteurs les plus sûrs de l'équilibre national ? Tel d'entre eux (par exemple M. Philippe Meda) que la guerre a élevé au pouvoir, n'a-t-il plus le droit d'y demeurer dans le temps de paix ? Le

Saint-Siège qui, pour des raisons de haute gravité, avait demandé l'abstention des catholiques en matière politique, vient de prendre une attitude très nette. *Il détache des organisations officielles catholiques tout ce qui est politique*, et il décide de laisser aux catholiques italiens la liberté de créer, sous leur propre responsabilité, *sans engager en aucune façon celle des autorités ecclésiastiques*, l'organisation politique qu'ils croiront le mieux adaptée aux besoins du pays.

Reste à savoir jusqu'à quel point cette savante discrimination a passé dans les faits.

*
* *

Le P. P. I. a débuté, comme il convient, par un appel et par un programme, tous deux extrêmement prolixes. Ce n'était pas une garantie suffisante de succès. Ce qui a pu, pendant un certain temps, faire illusion sur sa vitalité, c'est que, du premier coup, il s'est découvert un chef, en la personne de Dom Luigi Sturzo, prêtre sicilien, qui possédait des qualités indiscutables d'organisateur et d' « animateur ». Désigné, dès le 18 janvier 1919, comme secrétaire général, Dom Sturzo, au bout de quelques mois, disposait, dans le P. P. I., d'une autorité à peu près exclusive. Sa dictature s'intercale — sans doute avec des nuances d'étendue et de mode d'action — entre la dictature parlementaire de M. Giolitti et la dictature anti-parlementaire de M. Mussolini. Elle permit aux *Populaires* de remporter de notables succès électoraux — notamment en 1921 — et même de prendre une part effective au gouvernement, mais sans les immuniser contre une idéologie qui, de la prétention d'offrir un modèle d'organisation nationale et même internationale, les fit choir dans la grandiloquence stérile et quelquefois dans la surenchère socialisante. Ce n'est pas, je crois, les juger avec une sévérité excessive, que de dire que, par ces deux principales raisons, ils contribuèrent à alimenter, au Parlement et dans le pays, la crise d'où nous avons vu surgir la réaction du Fascisme.

En attendant, au cours de deux ou trois années, le P. P. I. a eu le temps de préciser son type d'organisation politique. Dans quelle mesure cette organisation répondait-elle aux desseins du Vatican qui n'avait pas, sans motifs mûris, changé si radicalement d'attitude ? En dépit des précautions, distinctions, réserves, sous-entendus, qui entouraient l'acquiescement à la fondation de ce parti, celui-ci ne pouvait manquer d'avoir avec la Secrétairerie d'Etat des attaches étroites et nécessaires. S'il n'était pas destiné à devenir, dans ses mains, au sens complet du mot, un *instrumentum regni*, on pressentait qu'une place importante lui serait réservée sur l'échiquier de la politique vaticane. S'il ne s'est pas toujours laissé dire, en esprit de docilité et au besoin de renoncement :

> La Cour est un pays où l'on va sans voir clair,
> Marchez les yeux bandés : j'y vois pour vous, mon cher.

son action et même son existence dépendaient en somme d'un patronage qui n'a jamais consenti, ni à s'avouer tel, ni à se récuser sur le fond. De ce fait, personne en Italie n'a jamais douté et d'ailleurs tout le dénonce.

Il est clair, d'abord, que le P. P. I. a trouvé des cadres électoraux tout prêts dans les associations syndicales de divers modèles que Léon XIII et Pie X avait encouragées et dont le faisceau formait l'*Union populaire*. Dans ces cadres figuraient un grand nombre d'ecclésiastiques, ardents à la bataille, et sans doute encore plus heureux que leurs paroissiens d'être libérés des entraves du *Non expedit*. C'est à ce point que M. Maurice Vaussard, qui ne ménageait autrefois ni sa sympathie, ni sa confiance au P. P. I., a pu écrire : « L'espèce pullule en Italie de prêtres politiciens, qui est bien une des pires déchéances sacerdotales qu'on puisse imaginer. Comment de jeunes catholiques ne feraient-ils pas converger vers la politique toutes leurs pensées, lorsqu'ils voient si souvent leurs pasteurs y subordonner les tâches sacro-saintes de leur ministère ? (1) ». Le témoignage est formel autant que courageux. Il n'a d'ailleurs pas de quoi surprendre. Du moment que les théologiens se font volontiers économistes, il n'y a rien d'extraordinaire à ce que les simples curés aient du penchant pour : *Politique d'abord*.

D'ailleurs n'est-ce point un prêtre, parfaitement en règle avec ses supérieurs hiérarchiques, qui tient la première place dans ce parti ? Et même Dom Sturzo aurait-il pu l'occuper, si l'appel lancé, le 28 janvier 1919, ne se terminait par une déclaration, qui porte aussi engagement : « Nous nous présentons dans la

---

(1) *L'Intelligence catholique de l'Italie au XX⁰ siècle.* Chez Lecoffre, 1921, p. 326.

vie politique avec notre drapeau moral, en nous inspirant *des principes sûrs du christianisme*, qui a consacré la *grande mission civilisatrice de l'Italie*, mission qui, aujourd'hui encore, dans l'ordre nouveau des peuples, doit briller, etc. (1) ». Un parti qui — en Italie surtout — se réclame des purs principes du christianisme, peut-il se dispenser de rendre des comptes au Saint-Siège, ou plutôt n'autorise-t-il pas celui-ci à lui en demander ?

Le Vatican, depuis près d'un demi-siècle, considère le Centre catholique allemand comme un des leviers de sa manœuvre politique. Il voit en lui le modèle des formations qu'il souhaite voir imitées en maint autre pays, puisque le but final de ses directives est d'agir sur les gouvernements par des influences parlementaires, après avoir au préalable agi sur la composition et l'esprit des Parlements par une influence sur le corps électoral. Or, outre que le P. P. I. a laissé voir du premier coup qu'il s'était inspiré de la structure, et pour ainsi dire de la technique du Centre allemand, il s'est empressé de lui témoigner

(1) La phrase se perd dans une logomachie interminable ; il y est question d'impérialisme, de matérialisme, de sectarisme, de décentralisation et de diverses autres choses. A lui seul le passage cité prête à une curieuse réflexion. On reprochera plus tard au Fascisme, et à fort bon droit, de prétendre que le catholicisme a vécu de son implantation au milieu de la civilisation romaine. Certes, les Populaires sont loin de là. Tout de même, on sent qu'ils réclament pour l'Italie la meilleure part de la mission civilisatrice de l'Eglise. On relève déjà ici la tendance à incorporer les titres de l'Empire romain à l'hégémonie universelle aux titres que le Saint-Siège possède au gouvernement des âmes.

une sympathie et une admiration exubérantes.
Non seulement, à peine formé, il délègue Dom
Sturzo et M. Cavazzoni (aujourd'hui sénateur
fasciste) pour apporter en Allemagne des paroles de fraternité et de réconfort (1) ; lorsqu'il
tient ses assises dans son propre pays, il donne
pleine carrière à des sentiments que nous laissons au correspondant romain de *La Croix*
(3 novembre 1921) le soin de décrire :

Quand le Secrétaire politique du P. P. I. lut,
dans la deuxième séance du Congrès réuni à
Venise, le télégramme du Centre allemand, ce
fut, dans tout le théâtre Rossini, du parterre au
paradis (*sic*), une explosion d'applaudissements.
Manifestement, les Populaires reconnaissent
dans le Centre allemand une formation politique d'un esprit semblable au leur. Mais ce n'est
pas au « Centre » seulement que vont leurs sympathies. Elles enveloppent, en somme, l'*Allemagne tout entière...* Par contre, une hostilité
sourde et comme *instinctive* (*sic*) est le lot commun de la France et de l'Angleterre.

En somme une hostilité « instinctive » pousse
le P. P. I. à se détourner des alliés de la veille
pour réserver un affectueux enthousiasme à la
nation dont les troupes, trois ans plus tôt,

---

(1) En juillet 1920, le chancelier Fehrenbach, recevant
officiellement M. Cavazzoni à Berlin, le remercia en ces
termes : « Agréez l'expression de notre reconnaissance
pour le programme de fraternité internationale élaboré
par le P. P. I. Nous avons confiance que l'action *concor-
dante* du Centre allemand, du Parti populaire italien et
de tous les groupements de l'Europe et du monde qui
s'inspirent de principes chrétiens et démocratiques, par-
viendra bientôt à obtenir la régénération chrétienne de
la société. » (Rapporté par le *Corriere d'Italia.*)

campaient encore en Vénétie. Et l'on fait tout justement choix de Venise pour cette manifestation !

Elle a dû d'autant moins déplaire à la Secrétairerie d'Etat que, de son côté, celle-ci encourageait de toutes manières, à ce moment, la propagande en faveur d'un internationalisme soi-disant pacificateur. De 1919 à 1922, nous avons assisté à une véritable floraison, en Autriche, en Hongrie, en Allemagne, en Hollande, d'associations qui prenaient le titre d'*Internationales catholiques* (1) et dont chaque Congrès recevait, par télégramme, des félicitations et des encouragements du Vatican. Tous ces comices passaient leur temps à émettre des doléances sur la paix de Versailles, à s'attendrir sur le sort des vaincus, et à réclamer une paix « chrétienne » — on ne sait au juste laquelle — à la place de celle qu'avaient instaurée les guerriers et les diplomates. Il allait de soi que le P. P. I. ne pouvait se dispenser de fonder une *Internationale* à son tour : il la baptisa tout naturellement *populaire*, et elle renchérit sur les autres par ses prétentions (2)

Telles sont les étrennes que, deux ans après la fin de la guerre, ce parti offrait à la paix si péniblement acquise, et qui avait valu à son pays la frontière du Brenner.

On est obligé de constater que ces marques

---

(1) Nous avons publié une étude assez étendue sur ces *Internationales* dans le n° de la *Revue universelle* du 15 février 1922.

(2) On doit à la vérité historique de dire que le Saint-Siège déclara formellement être étranger à cette dernière initiative.

d'aversion données aux traités de 1919-1920 s'encadrent entre deux documents pontificaux, qui sont bien loin de leur infliger un désaveu. Dans l'Allocution consistoriale du 24 décembre 1918, Benoît XV avait promis l'appui de son autorité « pour faire accepter des fidèles les décisions qui seraient prises afin d'assurer aux nations une paix *juste et durable* », note au moins restrictive. Dans l'Encyclique *Ubi Arcano Dei*, du 26 décembre 1922, Pie XI déplore textuellement « une paix artificielle, établie sur le papier, qui, au lieu de réveiller les nobles sentiments, a augmenté et *presque légitimé* l'esprit de rancune et de vengeance ».

De son côté, le P. P. I., du temps qu'il était assez fortement installé sur les bancs du Parlement et représenté sur celui des ministres, sentait de reste combien ses attaches avec la Secrétairerie d'Etat le désignaient à l'attention du Pouvoir. Le rôle d'honnête courtier entre le Vatican et le gouvernement lui convenait à merveille, et il ne manqua pas de l'entreprendre notamment pendant la Conférence de Gênes (nous aurons à y revenir). Une année auparavant, lorsque des troupes régulières italiennes se présentèrent devant Fiume, pour y prendre la place des *arditi* de M. Gabriele d'Annunzio, on craignit un instant que celui-ci n'opposât quelque résistance. Or le podesdat de cette ville, M. Riccardo Gigante, était un *populaire*. Le cardinal Gasparri daigna s'entremettre pour éviter l'accident possible. Il écrivit une lettre publique à M. Gigante (décembre 1920), pour le prier d'employer son crédit à éviter une « effusion de sang fraternel », et de se rendre de bonne grâce « à des raisons de patriotisme bien entendu » (1).

S'il pouvait enfin rester le moindre doute sur l'intérêt porté par la Secrétairerie d'Etat à la politique générale du P. P. I., ce doute tombe du fait qu'elle se réservait de le désavouer par exception. Au mois de mai 1920, à la suite d'un vote des députés *populaires* qui avait entraîné la démission du cabinet Nitti, l'*Osservatore romano*, — pour le coup descendu des sphères d'où il est censé envisager en spectateur les épisodes de la vie politique italienne — adressa à ces députés un blâme public et fortement motivé. Nous ignorons pour quelles raisons S. E. le cardinal Gasparri avait tellement à cœur les destinées parlementaires de M. Nitti, mais nous nous plaisons à croire qu'il se fût épargné cette démarche, s'il avait connu les propos que ce personnage s'était permis de tenir, quelques années auparavant, sur l'Eglise catholique, et qui ne sont pas restés sans écho (2).

(1) Soit dit en passant, on commence à s'apercevoir que les lois géographiques et économiques ne se mettent pas si aisément à la disposition des intérêts italiens. Fiume, prospère sous les Habsbourg, parce qu'adossée à une vaste zone de transit, décline à vue d'œil depuis que les frontières non pas seulement de la Yougo-Slavie, mais surtout de l'Italie, s'interposent entre l'Europe centrale et son port. Elle s'est considérablement dépeuplée et ce port est presque désert. En somme, c'est une ville qui meurt d'un coup de poignard amoureux de l'*italianità*.

(2) Au lendemain de Caporetto, en novembre 1917, un Conseil d'alliés s'était réuni à Padoue, et M. Nitti, alors ministre, fit partie du voyage. Il sollicita et il obtint un entretien particulier du maréchal (alors général) Foch. Notre illustre compatriote, dont les sentiments religieux étaient notoires, sortit de ce tête-à-tête littéralement suffoqué. Au cours de la conversation, M. Nitti avait déve-

*
* *

Ici trouve sa place une observation qui éclaire encore davantage un des aspects de la politique du Vatican, à partir du moment où elle se résigne, ou plutôt où elle se complaît à voir le P. P. I. se jeter dans l'arène électorale et parlementaire.

Tous ces catholiques qui se concertent, qui voyagent, qui discourent, qui échangent des effusions, qui élaborent des programmes, semblent d'accord pour ne plus dire un seul mot de la question romaine. Ce n'est pas que le sujet ait cessé de tenter un certain nombre de publicistes qui tiennent à exprimer une opinion personnelle. Mais le voici rayé de l'ordre du jour des Congrès ; il est passé sous silence dans les tracts que publient les Internationales catholiques ; il ne fait plus aucune figure dans les télégrammes respectueux et chaleureux qui, de divers points de l'Europe, mais surtout de l'Europe centrale, continuent à affluer vers le Saint-Siège. Bien plus : l'Appel et le programme même du P. P. I. n'en font pas la moindre mention.

loppé devant lui le thème qu'un ministère pouvait être constitué en Italie avec le soutien commun des socialistes et des catholiques. Et, comme le général objectait que le Saint-Siège y ferait vraisemblablement obstacle, son interlocuteur répliqua par une définition de l'Eglise tellement indécente qu'il ne saurait convenir de la rapporter, même en latin.

Le propos fit, comme de juste, le tour de la réunion de Padoue, et, un peu plus tard, celui de la Conférence de San Remo. — Le maréchal Foch est mort, mais je tiens le fait de deux témoins à qui il s'était ouvert, témoins considérables et heureusement vivants.

Je viens de relire ce programme, en date du 18 janvier 1919, qui porte les signatures de Dom Sturzo, de MM. Bertini, Longinotti, Mauri, Rodino, députés et de quelques autres notabilités catholiques. Il vise à la plénitude. Il comprend, dans l'ordre ci-dessous : l'intégrité de la famille, la lutte contre l'ignorance, l'organisation des classes, la législation internationale du travail, l'utilisation des forces tirées de la houille noire et blanche, l'autonomie des pouvoirs publics, la réforme de la bureaucratie, la lutte contre la tuberculose, la réforme des impôts, la représentation proportionnelle, l'abolition des traités secrets et de la conscription obligatoire, le désarmement universel — et j'abrège. Sur ce qui regarde les intérêts du Saint-Siège, rien qu'une phrase, terne et anodine au possible : Liberté et indépendance de l'Eglise dans le développement de son magistère *spirituel*. M. Crispi et peut-être Garibaldi lui-même en auraient pu dire autant.

Eh quoi, cette question romaine, représentée depuis cinquante ans comme étroitement liée aux intérêts les plus sacrés de la justice et de la civilisation, ne mérite donc plus qu'on la discute ? On envisage à cette heure, dans les milieux catholiques d'Italie et d'Allemagne, le problème de la reconstitution de l'Europe sur la base « chrétienne », et l'on en isole le rétablissement du Saint-Siège dans ses droits, rétablissement qu'on avait accoutumé la génération précédente à considérer comme la clef de voûte du reste ! C'est au moment où la vitalité catholique de l'Italie commence à s'affirmer sous la forme politique que la péremption semble atteindre des revendications à cause desquelles, jadis, la politique était interdite aux catholiques ? Pas même une tentative honorable de proposer un lien, qui tienne à la fois de la mystique et de la logique, entre le concours présumé du Saint-Siège à l'apaisement général et les satisfactions dues tant à sa dignité qu'à son indépendance.

Cette réserve, absolument nouvelle, contraire à toutes les traditions — au moins verbales — des associations et des Congrès en harmonie d'intentions avec le Saint-Siège, ne saurait être l'effet du hasard. Pour ne parler que du P. P. I., il est clair qu'il se tient à une consigne : autrement il aurait laissé dans son programme une lacune qui eût donné à douter de son sens catholique, et de bien mauvais exemple pour les fidèles du dehors. Tout donc porte à croire qu'en l'occurrence il a été non seulement couvert, mais approuvé par la Secrétairerie d'Etat. Il n'est peut-être pas difficile d'en démêler la raison.

Les protestations élevées contre l'événement de 1870 n'ont, en somme, servi à rien. L'expérience a prouvé que les Puissances n'étaient nullement disposées à chercher querelle à la Maison de Savoie, au sujet de la façon dont elle a aboli le Pouvoir temporel. Celle même de la guerre a établi — notamment par l'échec des démarches du Saint-Siège — qu'il fallait renoncer à trouver un moteur à la question romaine dans une initiative internationale. En revanche, et à pareil moment, il semble qu'une raison d'agir fasse son apparition en Italie même. En 1919 la situation intérieure est incertaine. Un parti jeune, plein d'ambition, auquel l'élément catholique fournit le plus clair de sa force numérique et de sa sève, commence à se poser en candidat au pouvoir, non sans certaines chances apparentes. Pourquoi ne pas jouer cette carte ? Léon XIII ne croyait à l'efficacité de l'action politique des catholiques italiens que sous une forme négative, d'obstruction pour ainsi dire. Mais les temps sont changés. Ne vaut-il pas la peine de faire essai de la forme positive, et, pour une fois, de miser sur les retours du suffrage universel ?

Mais l'essai est subordonné à une condition. L'Italie du lendemain de la guerre n'est certainement pas mûre pour s'abandonner à un parti qui prendrait officiellement ses « directives » auprès du Vatican. Ni le Saint-Siège ne peut consentir à se compromettre, ni ce parti à être compromis par lui ; pour réussir il a tellement besoin de faire appel à l'éclectisme de ses concitoyens que c'est tout juste s'il fait dans son programme une part à l'intérêt confessionnel. A plus forte raison convient-il d'alléger le programme politique de la question romaine. Elle est simplement mise en réserve. Il n'est d'ailleurs pas très sûr que les recrues ni même les dirigeants du P. P. I. s'en soucient beaucoup. Mais il est probable qu'en présence de circonstances nouvelles, qui autorisent des espoirs nouveaux, la Curie romaine trouve opportun de s'approprier la formule : y penser toujours ; en parler plus tard.

*
* *

Or voici qu'au cours du Pontificat de Pie XI les circonstances changent une fois de plus.

Au début du mois de février 1922 la clôture des opérations du Conclave était attendue en Italie avec une sorte d'anxiété. La presse avait accablé la biographie des *papabili* sous le poids des commentaires et des pronostics. Dans les milieux religieux, on discutait de préférence les chances respectives des candidats présumés « intégristes » et celles des « libéraux » — termes sur la signification desquels on s'entend aisément à Rome, encore qu'assez réfractaires à la juste définition. Mais tous les partis politiques, nombreux à cette époque, et le gros de l'opinion, n'étaient suspendus qu'à une attente : le nouveau Pape, sûrement Italien de naissance, le serait-il de sentiments, et, le cas échéant, d'attitude ?

Le cardinal Ratti venait à peine de prendre possession du siège archiépiscopal de Milan (8 septembre 1921), lorsqu'il fut appelé à la tiare (6 février 1922). Il était précédé de la réputation d'être un Italien sincère, et l'on tomba d'accord qu'il venait de la justifier, lorsque, sitôt élu, il donna sa bénédiction à la foule du haut de la *loggia* extérieure de la basilique de Saint-Pierre. Le geste — qui n'avait encore été jamais fait depuis la mort de Pie IX — fut interprété comme un symbole et même comme un présage. Il faut convenir qu'il ne fut pas suivi immédiatement, ni même pendant longtemps, de paroles ou d'actes confirmatifs. L'encyclique *Ubi Arcano Dei* — très attendue aussi — ne parut que le 26 décembre 1922. Elle était d'une intonation très pessimiste. Le Pape passait pour ainsi dire en revue toutes les déceptions éprouvées, depuis la fin de la guerre, par les gouvernements et par les peuples, tous les sujets d'alarme que continuait à donner l'état de la société. Nous avons déjà vu qu'il ne se montrait pas prodigue de compliments à l'œuvre de Versailles, ni aux débuts de l'Assemblée de Genève. Mais il n'en taisait pas davantage à l'Italie politique, et il se tenait, en somme, dans une région tout à fait « supranationale ».

La période ascendante du Fascisme fut marquée par de vifs engagements avec le P. P. I., à qui le *Duce* disputait une clientèle, et même par des violences dirigées contre les foyers de l'organisation catholique, au besoin contre les personnes, sans excepter les prêtres. La période qu'on peut appeler triomphante nous fait au contraire assister à des avances au sentiment religieux : par exemple, M. Mussolini rétablit l'enseignement du catéchisme et le crucifix dans les écoles ; il apporte des améliorations à la situation matérielle du clergé. Le bruit a même couru qu'il s'avançait à grands pas dans la voie de la conversion personnelle. Tout ceci, sans donner encore à prévoir l'événement du 11 février 1929, rendait plausible le développement, sinon même la « systématisation » — comme on dit en Italie — des rapports bénévoles, entre l'Eglise et l'Etat. En tous cas le régime fasciste paraissait comprendre, beaucoup mieux que ses prédécesseurs, la valeur d'appoint d'un ralliement catholique. On lui en sut assez gré pour qu'une fraction importante de l'ancien P. P. I., déjà d'ailleurs passablement disloqué, se ralliât officiellement au Fascisme, sous le nom de *Centre catholique national*.

Mais ce n'étaient encore là que des mouvements d'opinion. Le Pape ne découvrait pas sa pensée, ou plutôt, s'il ne laissait point de donner de temps à autre quelque sujet de satisfaction au sentiment national (1), plus souvent il marquait sa désapprobation à certaines mesures ou à certains procédés du gouvernement. Blâme de la nouvelle Charte du Travail, que l'*Osservatore romano* déclare contraire « à la conception chrétienne de l'Etat et à la liberté individuelle ». Blâme — celui-là prononcé par Pie XI en personne — de la licence du costume féminin « qui dépasse celle de la Grèce antique ou de la Rome païenne » dans les groupements organisés par le Fascisme pour l'éducation sportive et même militaire des jeunes Italiennes. Blâme surtout aux catholiques qui se permettent de préjuger de la fin du *dissidio*, et d'associer, dans une même acclamation — laquelle, un an plus tard, est devenue protocolaire, et même populaire — les noms du Pape, du Roi et du *Duce*. Ce dernier incident vaut d'ailleurs la peine d'être rapporté en détail.

Le *Centre national catholique* — dans lequel figuraient un sous-secrétaire d'Etat en fonctions, M. Mattei Gentile, un ancien ministre, M. Cavazzoni, et le sénateur Grosoli — avait orga-

(1) Par exemple en accordant une audience au général Nobile à la veille de la fameuse expédition polaire et en lui remettant une croix destinée à être plantée au pôle, à côté du drapeau italien.

nisé, en mars 1928, un Congrès au Capitole. On traita de diverses questions politiques et religieuses, et l'assemblée se sépara sur le *Vivat* qui vient d'être rapporté. A quelques jours de là, le Pape, au cours d'une audience accordée à la *Junte diocésaine* de Rome, éleva une très vive protestation contre la cérémonie de la veille. Il reprocha d'abord aux membres du *Centre national* de s'être réunis au siège de la municipalité dans « *Notre* ville de Rome » (le possessif est à souligner), au lieu de se présenter au Vatican « dans la Maison du Père » ; puis « d'avoir mêlé dans un seul souvenir et un seul applaudissement les termes, non seulement théoriques, mais encore réels et personnels, du *dissidio* entre l'Italie et le Saint-Siège ». Il ajoutait « qu'il eût été plus catholique et plus humain de lui épargner et le souvenir et l'applaudissement ». Il dénonçait enfin « l'incompétence, pour ne rien dire de plus, avec laquelle on met sur le même pied, en leur attribuant le même droit, *le Saint-Siège spolié et l'État spoliateur* ». C'était un langage qui semblait replacer la question romaine, flétrissures classiques comprises, au point même où l'avait laissée Léon XIII (1).

La même année, une circulaire qualifiée confidentielle de la Secrétairerie d'État rappelait aux membres du corps diplomatique accré-

(1) M. Mussolini comprit fort bien que cette semonce ne s'adressait pas seulement au *Centre national*, et la réplique fut de tous points conforme à sa manière. La censure interdit aux journaux italiens de reproduire le discours du Pape, et un décret, paru quelques jours après, prohiba toutes les organisations catholiques de

dités auprès du Saint-Siège qu'il convenait de réduire au strict nécessaire leurs rapports personnels avec leurs collègues accrédités auprès du Quirinal. Elle spécifiait que, rien n'étant changé depuis 1870, le mieux était de conserver une attitude conforme à une tradition toujours vivante et respectable. Nous ignorons l'accueil que firent les salons diplomatiques à ce nouveau *Non expedit* et si les bornes, devenues bien artificielles, entre le « monde blanc » et le « monde noir » furent replacées momentanément sur leurs bases. Mais il est assuré que la Secrétairerie d'Etat ne pouvait mieux s'y prendre pour donner à penser que le *dissidio* était plus profond, et même plus fécond que jamais.

Quand on songe que le discours du Pape à la *Junte diocésaine* et la circulaire du cardinal Gasparri se placent à une époque (1928) où les conversations qui devaient aboutir aux accords étaient déjà engagées depuis deux ans, on reste confondu d'admiration, non seulement devant la façon dont le secret a été gardé, mais devant la méthode employée pour dérouter l'opinion publique (1). C'est ainsi, d'ailleurs, que se

jeunesse, sauf celles dont le gouvernement avait pris l'initiative et qui fonctionnaient sous son étroite dépendance. C'était entrer dans le vif du sujet qui contribue, même depuis les traités du Latran, à entretenir la discorde entre le Saint-Siège et le régime, puisque chacun revendique le droit de présider à l'éducation de la génération nouvelle.

(1) Nous ne croyons pas utile d'exposer les péripéties de cette négociation, dont on s'accorde à reporter l'origine à une lettre du Pape au cardinal Gasparri, en date du 18 février 1926. Outre que la presse en a donné une version officielle, cette partie historique ne semble pas

déroulent les belles négociations. Loin de traverser celle de 1926, un vieux diplomate dirait que les retours sur l'immanence de la question romaine en faisaient partie nécessaire. Nous ne sommes plus, en effet, au temps où les espoirs fondés sur la réussite du *Parti populaire* rendaient opportuns les ménagements et certaines réticences. Ce Parti a terminé sa carrière. Le Saint-Siège n'a plus en face de lui qu'un régime autocratique, incarné dans une personnalité puissante. Les biais sont superflus, hors de saison même. Il est de bonne politique de replacer la question romaine sous les yeux du public telle qu'elle a été posée dès l'origine ; ce rappel est à l'adresse aussi du *Duce*. Il n'est pas moins utile de créer l'impression, en Italie et surtout à l'étranger, que le Pape a revendiqué tous ses droits, jusqu'au dernier moment. Si l'entente ne se fait pas, la dignité est sauve. Si elle se fait, le monde catholique sera porté à concevoir — du moins dès l'abord — une opinion très favorable de la solution intervenue, puisqu'enfin celle-ci sera présumée tenir compte de tous les principes et de tous les intérêts auxquels le Saint-Siège se déclarait encore irrévocablement attaché, la veille.

Nous allons essayer de confronter cette présomption avec la réalité.

devoir apporter à notre sujet une contribution bien utile. Le lecteur qui désirerait être plus amplement édifié trouvera de nombreux éclaircissements au chapitre III de l'ouvrage que vient de publier *Pertinax*, sous le titre : *Le partage de Rome* (Grasset, 1929).

CHAPITRE IV

LES ACCORDS DU LATRAN

Les accords signés au Latran, le 11 février 1929, comprennent un Concordat, un Traité politique et un Règlement financier. Ce sont autant de points, à la fois distincts et connexes, que nous aborderons successivement.

Les 45 articles dont se compose le Concordat peuvent être répartis en deux groupes : ceux qui sont destinés à former le nouveau Statut légal de l'Eglise d'Italie ; ceux qui réservent des garanties particulières aux intérêts spirituels, en matière de mariage et d'enseignement. L'ensemble, à première lecture, laisse l'impression d'un enjambement caractéristique des principes du Droit canonique sur ceux de l'ancienne législation civile. Elle s'atténue, dès qu'on prend connaissance de l'Exposé des motifs présenté au Parlement à l'appui de la proposition de ratification, et surtout des commentaires du *Duce*.

Du principe, inscrit dans l'article premier, « que la religion catholique, apostolique et romaine est la seule religion de l'Etat », il ne faudrait conclure ni que l'exercice d'autres cultes est prohibé, ni que la liberté individuelle de conscience doive subir la moindre atteinte ; car précisément une loi concomitante sur les cultes dissidents donne des apaisements formels sur l'un et l'autre point. Par ailleurs, le Concordat réserve à la hiérarchie catholique un traitement de faveur : exemptions, sous certaines distinctions, du service militaire (Art. 3) ; garanties judiciaires, en cas d'ouverture d'instruction contre un prêtre ou un religieux (Art. 8) ; dispense de remplir l'office de juré (Art. 4). L'article 9 déclare les édifices ouverts au culte « exempts de toute réquisition ou occupation ». L'article 29 accorde libéralement la personnalité juridique aux corps ecclésiastiques (Saint-Siège, diocèses, chapitres, séminaires, paroisses) ainsi qu'aux Associations religieuses qui ont leur siège principal dans le Royaume. Toutefois, l'Etat, en vue d'éviter les abus de la mainmorte, subordonne à son autorisation toute acquisition de biens par ces Instituts (Art. 30 et 32).

Les innovations qui offrent le plus de portée sont consignées dans les articles 34 et 36 : « L'Etat italien, lisons-nous en tête de l'article 34, voulant redonner à l'institution du mariage, base de la famille, *une dignité conforme à la tradition catholique*, reconnaît au sacrement de mariage, *réglé par le Droit canonique*, les effets civils ». Et, plus loin : « Les causes concernant les nullités et les dispenses, en matière de mariage, sont réservées à la compétence des tribunaux ecclésiastiques ». Nous resterions perplexes quant au sort des personnes qui ne désirent pas contracter un engagement matrimonial devant un ministre du culte, si l'Exposé des motifs, plus prolixe que ce texte, ne réservait expressément en leur faveur la compétence de l'officier de l'état civil, avec tous effets de droit.

De même, malgré que le préambule de l'article 36 porte : « L'Italie considère comme le fondement et le *couronnement* de l'instruction publique l'enseignement de la doctrine chrétienne selon la forme reçue par la tradition catholique », le dispositif et surtout le commentaire de l'Exposé sont loin de tirer de ces prémisses toutes les déductions qu'elles annoncent. L'instruction religieuse sera donnée dans les écoles primaires et même dans les lycées, mais le droit de l'autorité ecclésiastique se réduit à délivrer aux professeurs des certificats d'aptitude et à approuver les manuels mis entre les mains des élèves. Elle n'a aucune qualité — M. Mussolini l'a déclaré en termes formels — pour « s'ingérer dans l'enseignement que donnent les établissements publics d'instruction ». En d'autres termes, une place légale est assurée à la doctrine catholique dans ces établissements, mais sans qu'il en résulte à son avantage une subordination des autres matières et, notamment, du cours de philosophie.

La confrontation de ces documents — dont nous ne pouvons faire ici qu'une analyse sommaire — donne à penser que le Saint-Siège a obtenu pour l'Eglise d'Italie des satisfactions très substantielles, mais qui ne méritaient pas l'accueil emphathique de la première heure par la presse chargée de présenter au public catholique les accords du Latran.

*
* *

Dans les discours qu'il a prononcés devant
la Chambre des députés, le 13 mai, et devant
le Sénat, le 25 mai, à l'appui du projet de ratification, M. Mussolini ne s'est pas montré beau
joueur. Il « tenait » son Traité politique, il
venait d'obtenir, grâce à l'appoint des voix
catholiques, un plébiscite triomphal ; on aurait
compris qu'il donnât des éclaircissements au
Parlement fantôme dont il daigne encore tolé-
rer l'existence. Mais on ne pouvait s'attendre à
ce qu'il tirât des coups de pistolet dans la
direction de l'autre partie contractante — et
l'image n'est que juste, puisqu'il s'est flatté lui-
même « d'avoir usé de traits de polémique
bien définis, dont les destinataires ont accusé
réception ». Son excuse (si c'en est une) est
d'avoir subi la hantise, non seulement des
doctrines que le Fascisme a mises en éclatante
lumière, et qui sont un héritage de l'ancien
parti nationaliste, mais d'un certain anti-clé-
ricalisme historique sorti du tréfonds du
Risorgimento.

Le Fascisme, a proclamé M. Mussolini,
possède en propre une *éthique*, autrement dit
une morale qui se suffit à elle-même. Il n'a
donc pas à faire d'emprunts au catholicisme ;
la bienveillance qu'il lui prête est même gratuite. Car enfin (ici une phrase empruntée au
texte officiel et qui n'a pas manqué de faire
grand bruit) :

« Cette religion est née en Palestine, mais elle
est devenue catholique à Rome. Demeurée en
Palestine, elle n'eût probablement été qu'une

secte, parmi toutes celles qui florissaient dans ce milieu surchauffé, comme celle des Esséniens et des Thérapeutes, et elle se serait probablement éteinte sans laisser de traces d'elle-même...

» Le christianisme a trouvé à Rome une ambiance favorable dans la fourmilière grouillante de l'humanité levantine qui formait l'affligeant sous-sol de Rome, et pour laquelle un discours comme celui sur la Montagne ouvrait les horizons de la révolte et de la revendication. »

Un instant après, il proclame Garibaldi « la plus puissante figure du *Risorgimento* » ; Cavour « un génie que ses discours de 1861 élèvent à l'Empyrée des hommes politiques de tous les temps et de toutes les nations ». On voit qu'il ne ménage pas les compliments aux Italiens dont le Vatican a conservé un souvenir offensé. Puis, ce sont des saillies d'un goût médiocre, et qui sentent l'autodidacte, contre l'administration et surtout l'appareil militaire des anciens Etats pontificaux. Quant au Pouvoir temporel : « Nous ne l'avons pas ressuscité, nous l'avons *enseveli*. Nous lui avons laissé autant de terre qu'il en fallait pour que l'événement fût une fois pour toutes enterré (*sic*) ».

Qu'a dit encore le *Duce* ? Que l'Etat fasciste revendique le monopole de l'éducation du citoyen, religieuse comprise ; que cette éducation doit être *guerrière*, parce que, la société internationale étant composée de « loups farouches », il faut avoir des moyens d'attaque ; que l'Italie, au milieu des peuples « arrivés », se classe en tête de ceux qui « doivent arriver ». Mais ici, l'orateur ne tire guère de son propre

fonds. Il se borne à reproduire quelques articles de la propagande de l'ancien parti nationaliste, au sein duquel il a choisi du reste des
ministres et des secrétaires d'Etat, probablement aussi ses meilleurs conseillers.

Pour comprendre en effet le démon polémique qui semble avoir agité M. Mussolini au
cours de ces mémorables séances, il est bon
de relire ce qui s'imprimait, entre 1910 et
1914, par les soins de l'équipe peu nombreuse,
mais résolue, qui se flattait de créer le *nationalisme* italien, précurseur intellectuel et sentimental du Fascisme, prophète de l'*Italia
nuova*.

Sur les rapports entre l'Eglise et l'Etat, voici,
par exemple, M. Forges-Davanzati, une des
vedettes du journalisme transalpin, qui vient
d'exalter en trémolo les accords du Latran,
déclarant qu'ils déterminent « le climat de la
nouvelle histoire de l'Italie et du monde », et
que « tout Italien digne de ce nom peut aujour-
d'hui, comme Dante, élever les yeux vers la
lumière de Béatrice »... Mais on peut craindre
que sa Béatrice ne soit que médiocrement
séraphique, quand on relit ce que le même
auteur écrivait dans l'*Idea nazionale* du
13 novembre 1913 : « Les catholiques profes-
sent une foi religieuse qui est de tradition, et,
pour ainsi dire, de *création* (sic) italienne...
Nous entendons donner une *fonction nationale*
au catholicisme. » A la même époque, M. Feder-
zoni, devenu ministre sous le régime fasciste,
M. Bevione, aujourd'hui sénateur, M. Corra-
dini, M. Coppola tiennent un langage analogue. Pendant la guerre, l *Idea nazionale* four-

mille d'assertions comme celle-ci : « L'Eglise, par son esprit et ses traditions, est une institution purement italienne » (Alfredo Rocco), ou encore : « Le catholicisme est *chose* impériale et italienne » (Bellonci).

Sur l'éducation de la jeunesse, l'année dernière, M. Paolo Orano, autre étoile de l'ex-parti nationaliste, développait, dans le *Lavoro d'Italia*, cette idée que le Fascisme s'est assimilé la substance de la morale et presque de la mystique catholiques, qui ne sauraient donc offrir à ses yeux de valeur à proprement parler autonome. Le passage est à citer :

« Dans la civilisation fasciste, le rapport entre l'Etat et l'Eglise est changé *radicalement*, parce l'Etat a absorbé (*sic*) de l'enseignement de l'Eglise tout ce qui pouvait être utile au développement des *valeurs morales*, surtout cette vertu active de l'abnégation spirituelle qui *égale* (*sic*) les héros et les martyrs du Fascisme rédempteur à ceux du Christianisme naissant. »

Sur la nécessité de former des générations guerrières, M. Rocco, devenu Garde des Sceaux du régime, a écrit jadis, dans une brochure imprimée à Padoue (*Ce qu'est le nationalisme et ce que veulent les nationalistes*) :

« Au point de vue italien, qu'est-ce que la guerre, sinon l'*émigration armée* ? Notre pays est pauvre, parce qu'une partie du sol est ingrate et que les capitaux manquent. En revanche, nous sommes un peuple prolifique. Nous avons dû, jusqu'ici, subir l'injustice de la nature, car nous n'étions pas nombreux et les autres nous dépassaient ; nous étions divisés, et les autres étaient unis. Mais aujourd'hui nous sommes nombreux, nous sommes unis, au point de rattraper, de dépasser même les autres. Les autres ont conquis d'abord, travaillé ensuite. Nous, nous avons travaillé d'abord, souvent à l'étranger et pour l'étranger. *Il nous reste à conquérir.* »

Ces lignes datent du printemps 1914. Lorsque, quinze ans plus tard, M. Mussolini a parlé des « loups » qui composent, selon lui, le monde contemporain, et distingué entre les nations « arrivées » et celles « qui doivent arriver », a-t-il fait autre chose que d'en reproduire le sens ? Au reste, comme on sent ici le cri du cœur ! Je ne pense pas être démenti par ceux qui connaissent un peu l'histoire de la psychologie politique italienne, si je dis que le nationalisme dont on vient de citer quelques formules procède à son tour de sentiments comprimés au sein d'une élite intellectuelle. Chez les patriotes, à la veille de la guerre, bouillonnait, mêlée à beaucoup d'amertume, l'ambition retardée de plusieurs générations d'Italiens. L'unité nationale, entrevue, au cours des siècles, par une pléiade en tête de laquelle l'exégèse moderne n'hésite point à placer Dante, avait passé, à partir de 1848, du plan de l'idéologie au plan de la réalisation possible. Il était inévitable que le concept en fût associé à un besoin de revanche sur les rigueurs de l'histoire. C'est un peu le même *processus*, et ce sont presque les mêmes raisonnements, qui ont fini par donner aux revendications du prolétariat figure de défi à la société capitaliste et à leur exposé doctrinal une âpreté communicative.

La déification de l'Etat, chez ces nouveaux

apôtres, ne doit pas non plus nous étonner. Le sentiment catholique est sans doute profond chez la plupart des Italiens. Mais ne préjugeons pas trop de son intégrité. Il est parfaitement capable de se concilier avec un certain anticléricalisme, dont la genèse nous est fort bien expliquée au cours d'un article écrit, en pleine guerre, contre la politique de Benoît XV :

« N'oublions pas que notre *Risorgimento* national a dû s'accomplir *contre* l'Eglise de Rome. Ce fut là une nécessité sans doute aussi malheureuse pour l'Italie que pour l'Eglise et les catholiques italiens. Pour l'Italie qui, pendant cinquante ans, a senti sa conscience paralysée par un conflit entre le sentiment religieux et le sentiment national, lesquels, chez tous les autres peuples, se fondent dans une unité harmonieuse et féconde. Pour l'Eglise qui, pendant cinquante ans, s'est vue considérée avec suspicion et aversion dans son Siège même... Il existe une sorte d'anticléricalisme, prétendu philosophique, à base de libre-pensée, de matérialisme et de science positive. Il en existe un autre, *politique et historiquement italien*. Le premier est ridicule et même il nous dégoûte (*sic*). Quant au second, nous voudrions encore le traiter d'anachronisme. Est-ce que le Pape Benoît XV a l'intention de renouveler la tragédie spirituelle de l'Italie ? Veut-il démontrer à l'Italie que la Papauté est, non pas occasionnellement, mais nécessairement anti-italienne ? » (Francesco Coppola, *Idea nazionale* du 25 juin 1915.)

Cette conception que le catholicisme doit être un simple collaborateur de l'Etatisme est assurément fausse. Elle trouve cependant son explication historique dans le fait que ce n'est sûrement pas sous le drapeau d'une religion commune que les Italiens ont trouvé le chemin de leur unité, et que même, pour conquérir cette unité, il a fallu que l'Etat imposât sa volonté à l'Eglise.

Certes, on se saurait imputer à M. Mussolini d'être le prisonnier de son entourage, de l'opinion publique, ni même de son passé personnel. Mais il peut l'être, et il l'est sans doute, du passé de l'Italie, trop complet Italien lui-même pour ne pas l'incarner, du moins à partir de l'époque où commence à se dessiner le *Risorgimento*. Il a beau se montrer, à l'occasion, dédaigneux de tous les antécédents mazziniens, libéraux, anti-cléricaux, maçonniques même (1), il est le premier à savoir que le *Risorgimento* est sorti de tout cela, et que le Fascisme eût été inimaginable, sans l'escabeau que lui avaient préparé les constructeurs de l'Italie unitaire. Il est d'une autre taille que Garibaldi ; mais il a de commun avec le vieux patriote certains globules rouges du sang italien qui lui est monté à la tête, au cours de la séance au

(1) Je me suis laissé conter, par un ancien diplomate qui avait ses entrées au Vatican, et qui a laissé la réputation d'un homme extrêmement véridique, l'anecdote suivante. Au moment où M. Mussolini prit des dispositions draconiennes contre la Franc-Maçonnerie, notre auteur crut devoir en faire son compliment à un très éminent personnage de la Curie romaine : « Sans doute, lui répondit son interlocuteur, mais peut-être va-t-on *un peu fort*. Vous comprenez : le Fascisme ne durera pas toujours ; la Maçonnerie a beaucoup contribué à l'unité italienne ; elle conserve des adeptes et des sympathisants. Si elle est jamais en mesure d'exercer des représailles, j'aimerais qu'on n'imputât pas à nos conseils les rigueurs de M. Mussolini. »

Parlement du 13 mai 1929, et qui lui a fait dire :

« Non seulement, il n'est pas question d'enlever du Janicule la statue équestre de Garibaldi. *Même le cou du cheval ne sera pas déplacé* ; et tout près, par les soins du régime fasciste, sera érigée une statue à Anita Garibaldi. » (1).

Le hors-d'œuvre était d'un goût fâcheux, le moment mal choisi. Ne doutons pas néanmoins que l'auditoire et la très grande majorité des Italiens aient su gré au *Duc* de manifester qu'il ne désavouait pas, même par égard pour le Concordat, un médaillon incrusté dans la légende nationale.

Au reste, si la période ascendante de la carrière de M. Mussolini est contemporaine du Pontificat de Pie XI, la période militante coïncide avec la guerre, sous le règne de Benoît XV. Or, le 13 mai 1929, il sentait encore en face de lui, dans le palais du Vatican, le même Secrétaire d'État qu'il a cent fois incriminé d'hostilité à l'égard de l'Italie unifiée et même belligérante, et auquel il dédiait, un an après l'armistice (*Popolo d'Italia*, 18 novembre 1919), cette véhémente apostrophe : « Il n'y a qu'une seule révision possible de la Loi des garanties,

____

(1) La statue équestre de Garibaldi, érigée au-dessus du Janicule, à quelques centaines de mètres du Vatican, est tournée de ce côté, dans une pose menaçante. À quelques pas de là, en bordure d'allées ombreuses, le promeneur se trouve constamment face à face avec des stèles surmontés de bustes. C'est une espèce de Panthéon en plein air, consacré aux héros de moindre notoriété qui prirent part aux guerres de l'Indépendance italienne, au cri de : *Roma o morte !* — d'ailleurs tous bons patriotes et ardemment anticléricaux.

c'est son abolition, suivie de l'invitation ferme
au Saint-Siège de déménager de Rome, de
rentrer en Avignon, ou (en conformité des
goûts dont il a témoigné pendant la guerre),
chez les Boches ». On dira : tout change, et
c'est vrai. Mais si l'on ajoute : toujours survit
quelque chose, c'est vrai aussi. M. Mussolini a
pu inaugurer des méthodes, éditer un nouveau
catéchisme politique, découvrir que le Fascisme a intérêt à se réconcilier avec le Saint-
Siège. Il ne dépend pas de lui de se soustraire à
l'influence de certains fluides qui, s'ils ont
perdu de l'intensité, restent, au fond, de la
même qualité. Ceux qui s'attendaient à voir le
Fascisme fonder un Etat digne du nom de
« chrétien », faisaient un peu trop confiance à
ses dons de thaumaturge, ou plutôt d'exorciste,
dont l'usage le plus convaincant aurait con-
sisté à pratiquer une opération d'abord sur
lui-même.

*
* *

La réplique du Souverain Pontife — pour
ainsi dire improvisée dans son allocution du
15 mai aux anciens élèves du collège de Mon-
dragone, grave et minutieuse dans sa lettre au
cardinal Gasparri, du 5 juin — relève, avec une
parfaite lucidité, les points de doctrine.

Il nie d'abord énergiquement que la fonction
de l'Etat, en matière d'éducation de la jeunesse, puisse suppléer à celle de la famille, et,
à plus forte raison, de l'Eglise. Elle se réduit
à « prêter son aide à tout ce que la famille et
l'individu ne peuvent réaliser par eux-mêmes ».
Comme de juste, cette aide ne doit pas con-

sister à « former des conquérants », car si le
Fascisme, sur cet article de son programme,
trouvait partout des imitateurs, « on ne ferait
que préparer la conflagration générale ». Rien
de plus clair, en effet. Sur ce sujet de l'éducation, le Pape, faisant allusion aux concessions qui lui avaient été imposées par le gouvernement italien, et à la dissolution des
Boys-Scouts catholiques, a souligné en propres
termes : « Nous avons fait des sacrifices pour
éviter de plus grands maux. Quand il s'agit d'en
préserver les âmes, Nous nous sentirions le
courage de traiter avec le diable en personne ».
M. Mussolini n'a pas dû se demander longtemps
à qui le propos était destiné. Mais peut-être
a-t-il ruminé intérieurement, avec une certaine
satisfaction, cet aphorisme attribué à Bismarck :
« Quand on se met à table avec le diable, il
faut avoir une cuiller plus longue que lui. »

Quant à la tirade du *Duce* sur la « secte
juive », le Pape la relève et la condamne sans
ménagements : « De longues négociations
Nous avaient ouvert l'âme aux meilleures espérances, Nous ne pouvions en aucune façon
Nous attendre à des expressions *hérétiques* et
pires qu'hérétiques, sur l'essence même du
christianisme et du catholicisme. »

Certains passages de la lettre au cardinal
Gasparri nous ramènent aux sommets du *Syllabus*, et, par exemple celui qui concerne la
liberté de conscience :

« Si l'on veut dire que la liberté de conscience
échappe aux pouvoirs de l'Etat ; si l'on entend
reconnaître qu'en fait de conscience *c'est l'Eglise
seule qui est compétente*, qu'elle l'est seule en

vertu de sa mission divine, on reconnaît du même coup que, dans un Etat catholique, liberté de conscience et liberté de discussion doivent s'entendre et se pratiquer *selon la doctrine* et la loi catholiques. Il faut reconnaître aussi — la logique ainsi l'exige — que les responsabilités en matière d'éducation incombent *dans toute leur plénitude* à l'Eglise, non à l'Etat ; que l'Etat ne peut empêcher l'Eglise de remplir une pareille mission, qu'il ne peut l'entraver d'aucune façon, *ni la réduire à l'enseignement exclusif des vérités religieuses.* »

On pourrait allonger la liste des citations qui manifestent que, si la doctrine du Fascisme est « totalitaire », celle du Souverain Pontife l'est aussi. En vérité, elles se placent aux antipodes. Ramenées à une formule qui en exprime un peu grossièrement la substance, M. Mussolini veut l'Eglise pour l'Etat, et le Pape l'Etat pour l'Eglise. Du côté du Vatican, on se prévaut de ce que le principe de la religion d'Etat figure en tête du pacte concordataire, et l'on en fait la majeure d'une série de syllogismes qui en étirent les conséquences jusqu'au bout, selon la coutume des canonistes et des théologiens. Du côté fasciste, on n'a pour le syllogisme qu'une infime considération : c'est l'action qui compte, la logique n'est qu'utilitaire et, par conséquent, successive. Tant que le *dissidio* a duré, le conflit entre les deux Puissances n'était que latent : il a suffi d'une réconciliation officielle pour le faire apparaître aigu. Je me permettrai même de dire que, sous prétexte de l'éteindre, on l'a rendu tout simplement contractuel. Il n'y a point malentendu parce qu'au fond chaque partie savait parfaitement à l'avance où elle en voulait venir. Il y a effort réciproque pour gagner du terrain sur le co-contractant à la faveur du compromis. En attendant, les principes étalent leurs contradictions avec toute la clarté, la publicité et même la solennité possibles. Faut-il présager l'avortement d'un Concordat qui débute sous de pareils auspices ? La situation est-elle décidément si tendue ?

N'allons pas si loin. La mécanique intellectuelle dispose en Italie de méthodes merveilleuses, et d'ailleurs éprouvées, pour réduire au minimum les frottements entre la thèse et l'hypothèse. Au surplus, tant au Vatican qu'au Palais Chigi, on sent l'intérêt majeur de ne pas provoquer la faillite d'un accommodement qu'on avait commencé par présenter, ici, comme un fait capital dans l'histoire de l'Eglise, là comme un nouveau triomphe pour le Fascisme. Les discours adverses n'ont pas empêché, le 11 juin, l'échange des ratifications. Des télégrammes, des distinctions honorifiques ont été échangés entre le Vatican et le Quirinal. S. E. le cardinal Gasparri a reçu le collier de l'Annonciade, et M. Mussolini, hérétique, l'Ordre suprême de l'Eperon d'Or. Il a beau dire — cette fois relaps — qu'il a relu ses discours, qu'il n'y trouve rien à reprendre, et qu'il en fera tirer une édition nationale. Pendant ce temps, on pose des fils télégraphiques dans la Cité du Vatican et l'on y nomme des fonctionnaires. C'est la vie qui marche, pendant que les doctrines continuent à se rencoigner derrière leurs angles, accusés par de con-

tinuelles polémiques entre les feuilles fascistes
et l'*Osservatore romano*.

II

La moëlle du Traité politique, c'est la déclaration, insérée dans le Préambule, répétée à
l'article 26 final — et même, soit dit en passant, introduite dans le texte du Concordat —
que la question romaine « née, en 1870, de
l'annexion de Rome au Royaume d'Italie, est
résolue de façon définitive et irrévocable. »

Cette extinction résulte, nous dit-on, d'une
part de la création d'une Cité du Vatican, sur
laquelle le Saint-Siège jouira des droits « de
pleine propriété, de pouvoir exclusif et de juridiction souveraine » (art. 3 et 4) — d'autre
part (art. 26) « de ce qu'il reconnaît le
Royaume d'Italie, sous la dynastie de Savoie,
avec Rome comme capitale de l'Etat italien ».

Les autres articles du Traité ont pour objet
de tirer les conséquences de cette situation
nouvelle par des dispositions réglementaires.
Les unes ont trait aux rapports de voisinage
entre les deux Etats : régime des communications postales, télégraphiques, téléphoniques,
radiotéléphoniques, entre la Cité du Vatican
et l'extérieur, à travers le territoire italien ;
raccordement des voies ferrées italiennes à la
gare que possédera cette Cité ; collaboration
des deux polices et des deux justices en vue
de la répression des délits ; constitution d'une
servitude d'eau et même d'une servitude de
vue au profit du territoire pontifical, etc... Les
autres articles traitent de la citoyenneté vati-

cane (art. 9) ; d'exemptions de caractère militaire ou judiciaire accordées même aux personnes appartenant à la Cour pontificale qui ne jouiront pas de cette citoyenneté (art. 10) ; du droit de Légation reconnu au Saint-Siège et des diverses immunités diplomatiques qui en découlent (art. 12 et 19). Le privilège d'exterritorialité que la Loi des garanties avait attribué seulement aux Palais apostoliques et à la résidence de Castel-Gandolfo, est étendu à un certain nombre de basiliques et d'Offices pontificaux (Daterie, Chancellerie, Propagande, etc...). Enfin, par l'article 21, l'Etat italien déclare prendre sous sa protection matérielle les futurs Conclaves et les futurs Conciles.

Dès la publication de cet accord, la presse catholique du monde entier, dûment informée de l'opinion qu'elle devait répandre, a présenté ce traité comme un éclatant succès de la politique du Saint-Siège. Toutefois, quand on cherche, sous les fleurs du panégyrique, des raisons précises et substantielles, on n'en découvre guère qu'une, savoir que le Pape, affirme-t-on, a enfin recouvré son *indépendance*. Ce point, qui ressortit en somme au positif et au contrôlable, nous est pourtant présenté en forme d'assertion qui, à l'instar des dogmes proprement dits, rend les explications superflues. Ou plutôt, on se borne à appeler notre considération sur le fait que le Pape, étant redevenu *souverain* d'un territoire même extrêmement exigu (44 hectares), son *indépendance* en découle par force de logique inexpugnable.

Nous devons avouer dès l'abord ne pas

saisir le lien nécessaire entre ces deux idées. La souveraineté du Pape, en tant qu'elle est consacrée par l'accord du Latran, apparaît à coup sûr plus complète que celle dont la Loi des garanties nous donnait la définition et réglait l'étendue (1). De personnelle, elle devient *réelle* ; un véritable droit de propriété sur l'ensemble de la Cité du Vatican est substitué à l'usufruit parcimonieusement constitué sur ce Palais. Des autres dispositions dont nous venons de donner une analyse sommaire il ressort que l'Etat italien n'a pas marchandé un certain nombre de privilèges ou d'attributs destinés, sinon à relever le prestige du Saint-Siège (il n'en était nul besoin), du moins à lui procurer un surcroît de relief. Accordons qu'on ne pouvait rendre à la souveraineté du Pape, à défaut de ses anciens Etats, un hommage plus solennel et plus complet. — En est-il plus *indépendant* ? C'est un autre point. Car souveraineté et indépendance ne sont pas synonymes, surtout dans le cas qui occupe, et, de ce que la première est plus *visible* — terme employé avec prédilection par les apologistes du traité — il ne s'ensuit nullement que la seconde soit réelle.

Du point de vue purement physique ou

(1) A vrai dire, le terme de Souverain, appliqué au Pape, ne figure pas dans le texte. Mais, du moment que cette Loi déclare sa personne *inviolable* (Art. 1ᵉʳ) ; que l'art. 2 lui réserve les honneurs *souverains* ; que sa résidence habituelle ou temporaire (*sic*) jouit du privilège d'exterritorialité (art. 7) ; qu'il lui est reconnu qualité pour recevoir des ambassadeurs (art. 11), il est clair qu'on ne lui conteste pas la souveraineté personnelle, et, de fait, elle ne lui a jamais été contestée.

territorial, l'indépendance d'une enclave de 44 hectares dans un Etat de quarante millions d'habitants ne peut relever que d'une fiction juridique. On aura beau entourer la Cité du Vatican d'un mur d'enceinte, la doter d'une gare, y multiplier les postes télégraphiques et téléphoniques, elle ne sera jamais qu'un îlôt matériellement dépendant du vaste pays qui l'encercle de toutes parts. On dira : c'est l'inévitable. — Bien entendu ; mais la bonne foi interdit de relever ici, à quelques détails près, un progrès sur l'état de choses antérieur. Du jour où le gouvernement royal s'est établi à Rome, il avait à démontrer que sa présence n'apporterait aucun obstacle aux relations nécessaires entre le Pontificat suprême et l'ensemble de la catholicité ; que même elle était de nature à les rendre plus aisées, en laissant à la disposition du Pape les organes techniques de liaison entre l'extérieur et la capitale d'un grand Etat. Il est fort à présumer en effet que si Rome était restée le siège du Pouvoir temporel, elle n'eût pas été desservie, depuis 1870, par un réseau de moyens de communications aussi dense que la Rome tête et cœur de l'Italie unifiée. Nous en sommes toujours là, avec cette seule différence que le centre de la catholicité se trouve désenclavé par contrat synallagmatique, au lieu de l'être en vertu d'un engagement unilatéral.

Au pôle opposé de cette indépendance territoriale émerge une indépendance de caractère purement immatériel, celle dont le Pape a besoin pour assumer, par actes de sa souveraineté dogmatique, doctrinale et disciplinaire, le gouvernement des âmes. A-t-elle souffert de la perte du Pouvoir temporel ? On ne le pourrait soutenir qu'en désavouant la très juste apologie, que nous entendons faire tous les jours, de l'extension continue de l'autorité juridictionnelle et du prestige de la Papauté depuis 1870. Un tel désaveu serait contraire à l'intérêt, non seulement de la vérité, mais du Saint-Siège et de l'Italie elle-même, qui n'a jamais rien entrepris et ne pouvait, au surplus, rien entreprendre, contre un magistère de pure spiritualité. Il n'était donc pas besoin des accords du Latran ni de la Cité vaticane pour rendre au Chef de l'Eglise universelle une liberté d'action que, dans ce domaine, il n'avait jamais perdue.

Par contre, aurait-il perdu, avec le Pouvoir temporel, cette indépendance *politique* qui se présente pratiquement comme un corollaire, ou plutôt comme une garantie de la précédente ; et l'un des effets majeurs de sa réconciliation avec l'Italie serait-il de la lui faire recouvrer ? Cette fois, nous sommes en présence d'une question qui n'est pas si simple, puisque nous nous apercevons dès l'abord qu'elle a sollicité du même côté des réponses rigoureusement contradictoires.

La thèse que nous avons vu soutenir pendant cinquante-huit ans par l'immense majorité des auteurs et des publicistes catholiques — et dont il est superflu de dire qu'elle émanait du Vatican même — c'est qu'en effet l'indépendance politique du Saint-Siège était compromise, depuis qu'une grande Puissance limitrophe l'avait refoulé sur un espace étroit, et dépouillé de tous les avantages de la souveraineté temporelle. Que cette Puissance disposât dès lors d'une foule de moyens de pression ou de prétextes à ingérences indiscrètes, c'est ce dont, *a priori*, tout bon catholique devait être ou paraître convaincu, jusqu'en l'an de grâce 1929. De là, double danger pour cette indépendance : celui d'avoir à subir des atteintes effectives, et l'autre — plus grave, parce qu'il était permanent — d'encourir, devant le monde catholique, la suspicion d'y être plus ou moins résigné.

C'était un système — non pas sans défaut, nous dirons plus tard pourquoi — mais qui avait du moins un mérite : celui d'atteindre son but. Le principe de la clôture étanche entre les deux Pouvoirs qui se faisaient face à Rome a subi des infractions, nous le savons, d'abord clandestines, puis de plus en plus patentes, surtout pour l'observateur établi sur place. Mais il subsistait comme tel ; il donnait au Saint-Siège le droit de dire aux gouvernements étrangers et au monde catholique : « Vous le voyez, j'ai tellement à cœur les intérêts de mon indépendance que je n'hésite pas à refuser tout contact avec la Maison de Savoie et l'Italie officielle, quels que soient les inconvénients qui puissent en résulter pour moi. Peut-on me demander quelque chose de plus ? »

Et, de fait, l'opinion, dans le monde entier, sauf en Italie, avait fini par considérer l'état de *dissidio* comme endémique et presque nécessaire. Elle en était si peu scandalisée que, pendant toute cette période, elle n'a cessé d'élever le Saint-Siège sur un pavois de déférence et de confiance dont le niveau n'avait jamais été atteint aux temps modernes du Pouvoir temporel.

Depuis le 11 février 1929, nous sommes en présence d'un autre système, dont le moins qu'on puisse dire est qu'il prend le contre-pied du précédent.

Pourtant le Pape, sa Cour, l'organisme central de l'Eglise ne sont pas moins italiens qu'auparavant, et même M. Mussolini a eu l'air de les féliciter de l'être davantage. L'Italie est une Puissance d'une autre envergure qu'avant la guerre. Le monde a des raisons accrues de souhaiter que l'indépendance politique du Pape se maintienne dans une région sereine et inexpugnable. Se pourrait-il qu'il ne fût pas un peu surpris de ce que les rédacteurs des accords du Latran soient allés chercher des garanties de cette indépendance là où, de tradition mi-séculaire, on n'avait aperçu que des risques et des embûches ? Des engagements contractuels avec l'Etat italien et leurs conséquences à perte de vue sont-ils le véritable moyen d'éviter ces rapprochements, ces attouchements politiques, ces interférences dont la seule suspicion légitimait auparavant, de la part des Souverains Pontifes, une attitude intransigeante ? Nous vivons à une époque bien étrange, où le probable reçoit de furieux démentis de l'imprévu. Cependant, il nous semble que c'est encore faire un généreux crédit au Traité politique, présumé liquidateur de la question romaine, que de lui attribuer,

en ce qui touche l'intérêt du Saint-Siège et par
conséquent de l'Eglise universelle, des résultats incertains.

*
* *

Jusqu'à présent, c'est M. Mussolini qui
paraît avoir recueilli les résultats positifs — à
la condition qu'il ne continue pas à les compromettre par son intempérance oratoire.

Il a réussi d'abord à faire classer la question
romaine conformément au vœu unanime du
pays dont il est le chef. Jusqu'alors elle était
considérée non pas même comme *inter*-ita-
lienne, mais plutôt comme *contrà*-italienne, en
tous cas comme internationale au premier chef.
S'il en eût été autrement, l'appel de Pie IX à
l'intervention de la France et de l'Autriche en
1849 et en 1866, l'acceptation des services des
zouaves pontificaux et de la légion d'Antibes,
les protestations officielles du cardinal Antonelli du 17 avril 1861 et du 20 septembre 1870,
l'Encyclique du 1er novembre suivant (1), tout
cela eût constitué une série d'infractions non
seulement à une saine politique, mais à un
principe. Le principe a changé, soit ; la question romaine, d'internationale qu'elle se pré-

(1) La protestation adressée par Pie IX au monde
catholique renouvelait l'excommunication majeure ful-
minée, dès le 20 mars 1860, contre tous les responsables
et complices de l'invasion des Etats pontificaux. Elle
ajoutait : « Nous énonçons et déclarons publiquement et
ouvertement que, fidèle à notre office et au serment
solennel qui nous lie, Nous ne consentirons jamais à
aucune conciliation qui, d'une manière quelconque,
détruise ou *diminue* Nos droits, qui sont ceux de Dieu et
du Saint-Siège ». Le gouvernement impérial interdit la
publication de ce document en France, Napoléon III ne

sentait à sa naissance, reçoit la qualification d'italienne sur le procès-verbal de son décès. N'éprouve-t-on pas quelque crainte que ce changement d'état civil soit exploité par la thèse, chère aux nationalistes italiens, revendiquée par le Fascisme, qui remet à un « peuple élu » les destinées du catholicisme ?

Au fond, cette thèse repousse l'idée que l'Eglise, *Société* de caractère universel, doive chercher les garanties de l'indépendance de son Chef dans l'universel plutôt que dans le particulier, dans ses ressources *sociales* plutôt que dans la protection intéressée de l'Etat où elle a son siège. C'est une conception quelque peu matérialiste que celle qui assigne une place prépondérante à la géographie et même à l'histoire dans l'élaboration du Statut de garantie de cette indépendance. Elle donne cependant la mesure exacte de ce que M. Mussolini pense et n'a pas craint de penser tout haut, dans son discours du 13 mai 1929. La seule concession qu'il ait faite dans celui du 25 mai, prononcé au Sénat, c'est qu'il n'allait pas jusqu'à exclure « le dessein divin ». Rapprochez à présent ces déclarations des compliments qu'il a crû devoir adresser au Pape régnant, en

se souciant pas d'être considéré comme « complice » **de** Victor-Emmanuel.

La circulaire aux Puissances du cardinal Antonelli, datée du 20 septembre 1870, imputait au gouvernement piémontais d'avoir, « profitant des revers de la France et au mépris des engagements les plus formels, pris la déloyale résolution d'envoyer une forte armée pour consommer la spoliation du domaine du Saint-Siège. » (Henri Cousin : *Le temporel des Papes*, Besançon, **1922**, p. 87.)

qui il salue un Pape *italien*, un Pape *lombard*,
l'enchaînement des idées porte à leur attribuer
ce sens : « Un Souverain Pontife doit être de
sentiments italiens, pour deux raisons : d'abord
à cause de son origine nationale ; ensuite à
cause de sa fonction, puisqu'en somme cette
fonction — outre qu'elle n'aurait jamais atteint
au prestige qu'elle a sans le « climat » de l'ancienne Rome — s'abrite derrière la bienveillance et la force de la Rome nouvelle ».

On a prétendu que le principe de la mise à
l'écart des tierces Puissances, pour le règlement
de la question romaine, avait été posé dès le
règne de Benoît XV. Il est de fait que, pendant
la guerre, le cardinal Secrétaire d'Etat (et non
le Pape), dans une interview (et non dans un
document doctrinal), était tombé d'accord que
le Saint-Siège attend la solution de la question
romaine « non des *armes* étrangères (la force
était ici seule en cause), mais du triomphe des
sentiments de justice qu'il espère voir de plus
en plus se répandre au sein du peuple italien ».
Telle est la traduction littérale de la phrase
qui a paru dans le *Corriere d'Italia* du
28 juin 1915 et dont on fait aujourd'hui si
grand état. Mais encore faut-il savoir dans
quelles circonstances elle a été prononcée. On
était au lendemain d'une audience que
Benoît XV avait accordée à un de nos compatriotes, M. Latapie, et dont le compte rendu,
publié d'abord dans la *Liberté*, ensuite repro-
duit dans toute la presse de l'Entente, attribuait
au Pape des propos désobligeants pour les
Alliés et plus particulièrement pour le gouvernement italien. Cette publication avait fait

scandale. A la même époque, les journaux allemands et autrichiens, surtout la *Reichspost*, menaçaient l'Italie du rétablissement de l'ancien Pouvoir temporel. Il eût suffit que le Ministre de l'Intérieur, à Rome, donnât l'ordre au commissaire de police du quartier du Borgo de se tenir coi pour que la place Saint-Pierre devint le théâtre de manifestations hostiles. Le démenti inséré à la première heure dans l'*Osservatore romano*, conçu, comme à l'habitude, en termes cauteleux et maladroits, avait avivé l'émotion publique, au lieu de la calmer.

C'est dans ces conditions que le cardinal Gasparri interrompit une cure de repos qu'il faisait alors à Camaldoli, pour rentrer précipitamment à Rome et dicter ce redressement au *Corriere d'Italia* On conviendra que l'ambiance manquait au plus haut point de la sérénité nécessaire pour que la phrase en question méritât d'être interprétée comme la pensée libre et et mûrie de Benoît XV (1). Le cardinal Gasparri lui-même était-il si convaincu de l'inutilité d'une intervention étrangère? Un passage du discours de M. Mussolini, à la Chambre des

____

(1) Les personnes qui ont approché Benoît XV, de 1916 à 1918, qu'elles fussent italiennes ou étrangères, ont rapporté en général une impression très peu conforme aux sentiments de confiance ci-dessus exprimés. L'une d'elles, qui me touche de près, ayant fait allusion devant lui, quelques jours après l'armistice, à l'heureux effet d'une lettre dans laquelle il déclarait prendre sa part de la joie des Italiens, s'est entendu répondre textuellement, *en français* : « ILS S'EN FICHENT ! »

Ceux qui mettraient en doute l'authenticité du propos peuvent du moins contrôler celle de l'audience, en consultant la feuille des réceptions pontificales du 17 novembre 1918.

députés, met au contraire en relief qu'encore en 1926, le Secrétaire d'Etat des deux derniers Papes insistait en faveur de garanties *internationales* :

« En date du 24 octobre 1926, le Cardinal Secrétaire d'Etat fixait les points suivants :

» La condition qu'on veut faire au Saint-Siège doit être telle qu'elle garantisse sa pleine liberté et sa pleine indépendance, indépendance non seulement réelle et effective, mais visible et manifeste, avec un territoire en exclusive propriété et sous sa juridiction, comme il sied à une Souveraineté véritable et, en toutes circonstances, inviolable. »

» Par ces motifs, et puisqu'il est question d'un objet *qui excède évidemment les frontières de l'Italie*, il est nécessaire que le nouveau Statut soit RECONNU PAR LES PUISSANCES. »

» D'une manière générale *le soin incombera au gouvernement italien* de s'assurer cette reconnaissance, au moins en ce qui concerne les Puissances européennes avec lesquelles le Saint-Siège et l'Italie sont en relations diplomatiques, *avant les tractations officielles.* »

Il sera dès lors permis de dire que l'adhésion du Saint-Siège à une garantie purement italienne, est — comme la Cité du Vatican — un fait nouveau.

*
* *

En résolvant *italianamente* la question romaine, M. Mussolini était certain de toucher une fibre sensible, non seulement chez les derniers réfractaires de l'ancien Parti populaire, ou catholique, qu'il s'était contenté jusqu'alors de terroriser, mais dans les couches profondes du peuple, instinctivement averti que le *dissidio* laissait incomplète l'œuvre de l'unité nationale. Il a ainsi déchaîné, d'un bout à l'autre de la péninsule, une vague de joie et d'orgueil sincères. La sincérité, chez les Italiens, prend aisément des formes expansives. Parmi les innombrables scènes d'enthousiasme que la presse s'est complue à décrire, on nous permettra de citer celle qui s'est passée sur la place du Latran, pendant l'échange des signatures, d'après un correspondant de *La Croix* de Paris (4 mars 1929) :

« Quand la formule du Concordat a été lancée sur la place par les journalistes, on a vu ce peuple dans un paroxysme de joie, dont les explosions étaient émouvantes. Les prêtres, les larmes aux yeux, se jetaient à genoux et priaient. Puis, plus fous de joie que les autres, ils se levèrent et chantèrent en chœur le *Te Deum* avec le peuple. Ils sautaient, ils criaient : *Viva il Papa ! Viva il Re ! Viva Savoia ! Viva Mussolini !* Tant qu'un commissaire de police leur dit en riant :

» — Mais, mes Révérends, vous allez devenir fous ! »

» Et ils répondaient :

» — Mais oui, Monsieur le Commissaire, laissez-nous devenir fous un instant, parce que nous sommes très heureux. »

Dans un genre plus relevé, mention est bien due au zèle ostensible que mirent les plus hauts dignitaires de la Cour pontificale à prendre part au scrutin, le jour du plébiscite (23 mars). La *Stampa* nous fait assister au défilé, dans les sections de vote, de Mgr Borgongini-Duca, un des négociateurs du traité, de Mgr Caccia-Dominioni, maître de Chambre de S. S , de Mgr Migone, camérier secret participant, de Mgr Cremonesi, des chanoines de Saint-Pierre et de tant d'autres. La Garde noble est allée voter en corps, à la suite de son chef, le prince Aldobrandini ; elle avait arboré pour la circonstance le faisceau des licteurs, à côté de ses propres insignes. La gendarmerie du Vatican n'a pas failli non plus au devoir électoral. Ceux qui ont connu la Rome de jadis, et qui ont assisté à ce spectacle, ont dû le trouver savoureux.

A quelques jours de là, environ vingt mille vétérans des troupes alpines du nord de l'Italie, portant le feutre kaki avec plume, se massent sur la place Saint-Pierre ; l'hymne pontifical et les refrains fascistes alternent avec des cris de : vive notre Pape *alpin !* Pie XI, derrière une fenêtre, fait une courte apparition et bénit la foule. Vers la fin d'avril, le cardinal Gasparri, Secrétaire d'Etat, reçoit en grande pompe, au monastère du Mont-Cassin, M. Berluzzo, ministre de l'Instruction publique, au milieu des acclamations, des fanfares et des salves d'artillerie. On ne dira pas de la question romaine qu'elle a été enterrée sans bruit.

Elle ne l'a pas été sans profit non plus, comme on le voit, pour la popularité du *Duce*. Il ne dépend guère que de lui de provoquer, quand il le jugera opportun, des manifestations du même genre, de puiser à cette nouvelle source de prestige et de lui conserver je ne sais quelle saveur grisante, nulle part aussi appréciée que parmi ses compatriotes. S'il fait preuve de plus de déférence à l'égard du

Saint-Siège, peut-être le Pape consentira-t-il à paraître en public, non plus seulement sur la place Saint-Pierre, mais dans les rues de Rome, où sa présence porterait jusqu'au délire un enthousiasme qui procéderait tout en même temps de sentiments légitimes et d'une préparation raffinée. En somme, je ne me permettrai pas de dire que M. Mussolini possède des moyens d'exploiter les accords du Latran, mais il dépend de lui de les « valoriser ». — Et le mot ne manque pas de sens en italien.

La « valorisation » dépasse au surplus les frontières du Royaume. Elle atteint les milieux où la personnalité et surtout la politique du *Duce* restent passablement discutées. Il vient de fournir à ses admirateurs une raison de plus de la déclarer capable de grandes choses, à la critique une de moins de lui imputer la méconnaissance des valeurs spirituelles et morales. La critique de la presse catholique, qui est en général assez courte, a d'emblée porté aux nues les accords du Latran et elle ne signale qu'avec circonspection les ombres du lendemain. Puisque c'est un traité, on ne saurait féliciter une des parties sans l'autre, ni surtout aux dépens de l'autre. Forcément. M. Mussolini se trouve associé aux éloges que reçoit la diplomatie vaticane.

Voyez ce qui s'est passé en France. Le jour où elle annonce la bonne nouvelle, *La Croix* de Paris le compare à Constantin et elle salue, dans l'événement du 11 février, « la conjonction de deux astres ». Les *Semaines religieuses* sont à l'unisson. De même le *Bulletin du Comité catholique de défense religieuse* publie une chaleureuse apologie du Dictateur par le R. P. Janvier. On fait retentir le *Te Deum* (c'était avant le fameux discours) sous les voûtes de nos cathédrales. Telle lettre pastorale même attire notre attention sur le bonheur de l'Italie d'être gouvernée comme elle l'est. Par exemple, Mgr Rivière, archevêque d'Aix, parle explicitement du « grand Mussolini » et il nous certifie que le Pape vivra désormais « à côté d'un Etat profondément chrétien (?) non seulement dans son esprit, mais dans toutes ses lois, chrétien presqu'autant qu'au Moyen Age » (*sic*). Il ajoute :

« Quand d'autres nations perdent la foi, abandonnent la vie et les vertus qui en faisaient les défenseurs du droit, de la justice et de la religion, le Pape *retrouve* une nation vraiment catholique sur laquelle *il pourra s'appuyer*, en même temps qu'il lui communiquera une force incomparable. »

On aura la discrétion de ne pas demander à Mgr d'Aix de quelles « autres nations » il a voulu parler, ni d'insister sur la façon dont il prend son parti de ce que le Saint-Siège s'est découvert une Puissance d'appui, qui n'est pas la France.

Quand, sur ces entrefaites, le cardinal Lépicier vient à Orléans, en qualité de Légat du Pape, pour assister aux fêtes de Jeanne d'Arc, il nous apporte des effluves de l'esprit nouveau qui plane sur la Ville éternelle. Cette fois, l'événement accompli à Rome permet, commande même de rappeler en France une doctrine que, pour son compte, l'épiscopat avait cru devoir laisser tomber (1). Il n'est plus question de laïcisation, de persécutions, de spoliations, de « lois scélérates », et, puisque tout finit bien en Italie, par l'accord du Saint-Siège et du *Duce*, rendons à César... Mais le morceau est à citer :

« Et maintenant, je demande à tous les journalistes qui sont ici d'ouvrir leurs oreilles. Et je les autorise à répéter *urbi et orbi* (*sic*) ce que je vais dire.

» Rappelons-nous que la doctrine de l'Eglise, comme je l'ai toujours enseigné, est une doctrine de soumission, d'obéissance aux Pouvoirs publics, de respect à ces pouvoirs, bien plus : *d'amour*, parce que les autorités civiles représentent Dieu parmi nous. Ceci est DE FOI. »

Le cardinal Lépicier avait bien choisi son moment. Il n'avait pas mal non plus choisi son

(1) Encore à la veille des dernières élections législatives, un collègue français au Sacré Collège du cardinal Lépicier, le cardinal Andrieu, adressait à son clergé une circulaire qui reprochait explicitement et véhémentement aux gouvernements successifs de la République d'avoir poursuivi la ruine des institutions chrétiennes, en conformité des suggestions de la Franc-Maçonnerie. Il entrait dans les détails :

« Le Christ avait organisé la famille pour orienter l'homme vers le but de sa vie, qui est le Souverain Bien. Les *maîtres du Pouvoir, aux ordres des Loges*, l'ont désorganisée par la loi sur l'école neutre et la loi du divorce. Le Christ avait organisé la société civile afin qu'elle aidât les citoyens dont elle se compose à conquérir les vérités éternelles. Les *maîtres du Pouvoir, aux ordres des Loges*, l'ont désorganisée de manière à lui rendre impossible l'accomplissement de sa mission, puisque l'Etat, aux termes de la loi de Séparation, ne reconnaît plus aucun culte. Le Christ avait organisé les Congrégations religieuses pour faire fleurir sur la terre

lieu, pour cette émouvante allocution, puisqu'elle a été prononcée le 12 mai 1929, dans la maison de la *Bonne Presse*, dont les rotatives n'ont guère cessé de débiter, depuis près d'un demi-siècle, toutes sortes d'adjurations à la résistance légale et même illégale, outre un nombre incalculable de médisances, de diatribes, de caricatures, dédiées au personnel gouvernemental et parlementaire de la République française. Félicitons-nous de ce qu'un Légat du Pape ait fait retrouver le chemin des principes à ceux qui l'avaient perdu. Convenons aussi que les émanations du Latran y sont pour quelque chose.

*
* *

Mais le succès le plus éclatant qu'ait rem-

l'idéal de la perfection évangélique. Les *maîtres du Pouvoir, aux ordres des Loges*, les ont non seulement désorganisées, mais abolies, sous prétexte que leurs enseignements et leurs exemples ne répondaient plus aux exigences de la civilisation moderne, de plus en plus imprégnée de paganisme. Le Christ avait organisé l'Eglise, l'Epouse de son cœur, avec une hiérarchie puissante et harmonieuse, afin qu'elle recrutât sur cette terre d'exil des élus pour le Ciel. Les *maîtres du Pouvoir, aux ordres des Loges*, l'ont désorganisée en lui imposant une constitution schismatique (?) qui substitue la puissance des laïcs à l'autorité du Pape et des évêques pour l'administration des biens d'Eglise, etc... »

Cette fusillade, qui n'a d'ailleurs couché par terre ni les maîtres du Pouvoir d'hier, ni ceux d'aujourd'hui (puisque ce sont les mêmes), passait alors pour s'inspirer aussi d'une doctrine, dont, pendant une cinquantaine d'années, le haut clergé a imprégné deux générations de catholiques français. Si c'est le cardinal Lépicier qui a raison, l'amour des autorités civiles aurait dû tempérer la forme de la réprobation due à leurs actes. Si c'est le cardinal Andrieu, son éminent collègue aurait peut-être été mieux avisé de ménager les transitions.

porté M. Mussolini, et dont on peut s'étonner que l'opinion en ait à peine tenu compte, c'est l'insertion, dans le Traité politique, d'un article 24, ainsi conçu :

« Le Saint-Siège, en ce qui touche la souveraineté qui lui appartient dans le domaine international, déclare *qu'il veut demeurer et demeurera étranger aux compétitions temporelles* entre les autres Etats et aux *réunions internationales* convoquées pour cet objet, à moins que les parties en litige ne fassent un appel unanime à sa mission de paix, se réservant en tous cas de faire valoir sa puissance morale et spirituelle. »

Si l'on eût voulu donner une définition à la fois ironique et décente de la souveraineté du Pape « dans le domaine international », on conviendra que ce texte aurait besoin de fort peu de retouches pour en offrir la formule. Car enfin, en quoi consistera désormais une souveraineté qui se retranche tout droit d'initiative, qui se met simplement à la disposition de parties en quête d'arbitrage, fonction que peut remplir n'importe quel corps judiciaire, ou même un particulier ? On est surpris de la chute, pour ainsi dire verticale, d'une doctrine qui, au Moyen Age, réclamait pour les Papes le droit de disposer des trônes, de nouer des coalitions, de les dénouer, et de tenir les assises de la pacification générale ; qui même, en des temps fort rapprochés du nôtre, réservait au Saint-Siège, sous des formes atténuées, la faculté de se mêler activement à la vie internationale. On l'est plus encore à constater que la régression consentie par cet article se place, en date, juste au moment où le Saint-Siège se voit restituer un semblant de Pouvoir temporel.

Ce n'est pas nous qui nous plaindrons du désaveu implicite, mais formel, infligé à une idéologie qui revendiquait pour la Papauté — même et surtout depuis la guerre — une sorte de principat sur la société politique. Vers 1920, la haute presse catholique, syllogismes à l'appui, soutenait couramment que sa présence, à la tête de la Société des Nations, était indispensable pour conférer à ce nouvel organisme une autorité morale adéquate à son but. Vers la même époque, les encouragements publics et réitérés de la Secrétairerie d'Etat aux *Internationales catholiques* semblaient bien indiquer de sa part toute autre chose qu'une disposition à se désintéresser des « compétitions temporelles ». Les approbations n'étaient pas ménagées non plus aux livres ou opuscules qui laissaient entrevoir une sorte de restauration de la Chrétienté, avec toutes les conséquences qu'elle implique au profit de la souveraineté pontificale. Grand succès aussi pour la *Primauté du Spirituel*, titre et sujet d'un traité qui a fait école. Voici maintenant que l'ouvrage de M. Jacques Maritain ne supporte plus la confrontation loyale avec les accords du Latran, puisqu'en certains passages, dont on se demande si le Saint-Office ne les trouvera point périlleux, l'auteur affirme que la *direction* des gouvernements et des peuples est pour les Papes un droit, et par conséquent un devoir (1).

<hr>

(1) « Nous devons affirmer comme une vérité supérieure à toutes les vicissitudes du temps la suprématie de l'Eglise sur le monde et sur tous les pouvoirs terres-

Devant l'histoire, si le Traité politique du 11 février 1929 eût été conclu trente ans plus tôt, l'Italie n'aurait pas eu besoin de s'opposer à ce que Léon XIII fût représenté à la Conférence de La Haye, ni de prendre, à l'article 15 du traité de Londres du 25 avril 1915, des précautions contre le désir de Benoît XV d'être convié au futur Congrès de la paix. Ou plutôt, les démarches de ces deux Papes eussent été inconcevables, en présence d'un texte aussi prohibitif. De même, la célèbre Note pontificale du 1er août 1917, dans laquelle le Saint-Siège offrait spontanément aux belligérants le canevas d'une paix concrète — dans lequel, entre parenthèses, les intérêts italiens étaient passablement négligés — n'aurait jamais vu le jour. Pourtant, si, depuis cette époque, la tiare repose sur une autre tête, c'est bien toujours le même Secrétaire d'Etat qui dirige la politique vaticane. Que se passe-t-il donc ?

Il se passe que, si le Saint-Siège, d'après la façon dont il vient de consentir à éteindre la question romaine, met sa confiance dans l'Italie, l'Italie ne lui rend pas la sienne. Nous disons à dessein : *l'Italie*, et non pas seulement le Fascisme. Se peut-il, en effet, que S. E le cardinal Gasparri, au moment où il a souscrit à cette grave renonciation, n'ait pas senti, invisibles et présentes, derrière M. Mussolini, les

tres. Sous peine d'un désordre radical dans l'univers, il faut qu'elle guide les peuples vers la fin dernière de la vie humaine, qui est aussi celle des Etats, et pour cela qu'elle *dirige*, au titre des intérêts spirituels qui lui sont confiés, les gouvernements et les nations, et (qu'elle) courbe devant Dieu la nuque féroce (*sic*) des pouvoirs de chair. » (*Primauté du Spirituel*, p. 122.)

ombres de tant d'hommes d'Etat italiens qui la
guettaient, pour ainsi dire, et qui, faute de
l'avoir obtenue, s'efforçaient de suppléer à ses
effets par des moyens détournés : ombres de
Cavour, de Crispi, de Salandra, même et surtout
de son vieil adversaire, Sydney Sonnino ? —
N'est-il pas vrai que la politique italienne, depuis
l'installation de la Monarchie à Rome, a toujours été hantée par la crainte que le Pape fût
trop puissant ou trop écouté dans les aéro-
pages internationaux ? N'a-t-elle pas constamment laissé voir qu'elle redoutait des contradictions ou des obstacles dans cette souveraineté
« internationale » assez imprécise, efficiente
pourtant, dont il est fait état à l'article 24 du
nouveau Traité, simplement pour constater
qu'elle se réduit à un mot?

On comprenait cette défiance avant que le
dissidio fût aplani, Mais comment se fait-il
qu'elle lui survive, et que, dans l'instrument
même de la réconciliation, des précautions
soient prises pour maintenir l'activité pontificale
dans une zône close aux « compétitions temporelles »? Remarquons bien qu'elles sont prises
seulement par l'Italie et à son usage. Ce n'est
point par voie d'Encyclique que le Saint-Siège
annonce une résolution dont toutes les chancel-
leries et l'univers catholique pourraient prendre
acte (fût-ce avec un certain scepticisme). C'est
par une clause d'un traité qui reste, à l'égard
des tiers, *res inter alios acta*, et que l'Italie, par
conséquent, a qualité exclusive pour invoquer
ou interpréter (1).

(1) Observons encore que la rédaction de cet article

En somme, il semble bien que M. Mussolini soit parvenu à réaliser une double éviction, dans le domaine « international » de la souveraineté du Saint-Siège. Il obtient d'abord que la question romaine soit « naturalisée » italienne ; ensuite que le Pape s'engage à demeurer simple spectateur des compétitions politiques, à la réserve de l'exercice de sa puissance spirituelle, qui est affaire de suprême apostolat, mais non de souveraineté juridique et pratique. S'il a véritablement atteint ces deux objectifs, au prix de l'abandon de quarante - quatre hectares de territoire italien, même élevés à la dignité d'Etat, et même compte tenu d'autres concessions, d'ordre extérieur ou honorifique — pour lui le marché est bon.

*
* *

Par la Convention financière annexe au Traité politique, l'Etat italien s'engage à verser au Saint-Siège (Art. 1er) 750 millions de lires au

est étrange. Nous n'en avons cité que la première phrase. Elle se continue par celle-ci : « *En conséquence,* la Cité du Vatican sera toujours et en tous cas considérée comme un territoire neutre et inviolable. »

C'est donc pour aboutir à une stipulation de neutralité — qui paraît assez superflue, car on a peine à concevoir la Cité du Vatican sous la figure d'un belligérant — c'est pour en fournir une raison suffisante qu'on commence par réduire à sa plus simple expression la souveraineté du Saint-Siège « dans le domaine international », — On nous permettra de croire que la neutralité joue ici un rôle assez complaisant. Elle prend pour ainsi dire en remorque une proposition infiniment plus grave que celle dont elle fournit l'objet direct. Elle intervient ici à la façon d'un prétexte, sous l'apparence, qui ne trompera personne, de former le fond de l'article 24.

comptant, et à lui consigner une somme de Consolidé italien 5 % d'une valeur nominale d'un milliard de lire. En vertu de quoi (art. 2) le Saint-Siège donne décharge à l'Italie de la dette que celle-ci avait contractée à son égard, « à la suite des événements de 1870 ». Le texte fait du reste ressortir que, du côté du Vatican, « on a jugé bon de limiter au strict nécessaire le montant de l'indemnité, eu égard aux conditions économiques du peuple italien, notamment à la suite de la guerre » (1).

Est-ce même bien le strict nécessaire ? Le point fait doute, puisqu'enfin la presse catholique vient de rappeler aux fidèles du monde entier que rien n'est changé au fonctionnement du *Denier de Saint-Pierre*.

Nous voyons par là que le règlement financier ne s'inspire pas rigoureusement des règles de la logique, ni même de celles de la théologie morale, telles que les rappelait encore l'*Osservatore romano* du 8 janvier 1929, savoir que « la réparation, qui est imposée non seulement aux individus, mais aux *Etats,* incombe à *celui qui cause le dommage*, la restitution à celui qui a pris ».

Puisque le *dissidio* ouvert entre le Saint-Siège et l'Italie était destiné à être aplani de leur

(1) On sait que la Loi des garanties assurait au Saint-Siège une donation annuelle de 3.225.000 lire, dont, fidèle au principe qu'il tenait cette loi pour inexistante, il a toujours refusé de se prévaloir. Au moment des accords, les organes du Vatican ont fait remarquer que le cumul de ces annuités, intérêts arriérés compris, formait une somme bien supérieure à celle dont il se contente. Nous croyons inutile de rapporter les controverses mathématiques qui ont été engagées sur ce point.

consentement mutuel et exclusif, la logique eût
voulu que les conséquences de toute nature
fussent liquidées ou compensées entre les
mêmes parties, totalement, ou — comme on
dit aujourd'hui dans la péninsule — *totalitai-
rement*. Le contraire donne l'impression de ce
que les grands jurisconsultes du temps des
Césars, en ceci, je pense, d'accord avec les
canonistes, appelaient une *inelegantia juris*. On
est d'ailleurs toujours un peu choqué de voir
les effets survivre à leur cause. Or, le *Denier de
Saint-Pierre* qui date, non pas même de l'occupation de Rome en 1870, mais de l'invasion
antérieure des Légations pontificales, a été ins-
titué uniquement pour couvrir ce qu'on appelait alors les spoliations italiennes et il est
entré dans les mœurs à la faveur de ce que ces
spoliations ont duré près de soixante ans (1).

(1) Le hasard nous a fait tomber sous les yeux une
circulaire de l'archevêque de Bourges, en date du 6 mars
1869, qui apporte certains éclaircissements sur l'origine
du *Denier de Saint Pierre*, et qui le justifie notamment
par la nécessité, pour le Trésor pontifical, de faire face
au service de ses emprunts.

Nous en extrayons ces passages :

« Avant les *annexions*, qui ont enlevé aux Etats de
l'Église ses plus riches et ses plus populeuses provinces,
le Trésor pontifical était dans une situation prospère.
Par des prodiges d'ordre et d'économie il était parvenu
non seulement à équilibrer les recettes et les dépenses,
mais encore à rembourser plus de 40 millions de papier-
monnaie, créés par la République de 1848.

» La révolution est venue, et, en un instant, elle a
détruit cet équilibre. Depuis, il a fallu, avec des ressources diminuées des deux tiers, réparer les désastres
qu'entraînent toujours à leur suite de pareils boulever-
sements, et faire face à des charges accablantes.

« L'invasion garibaldienne n'a fait qu'ajouter à ces
charges.

» Malgré tout, grâce à la protection divine, grâce à la

Maintenant qu'elles ont pris fin, par un contrat en forme, on eût pu s'attendre à ce que ce tribut volontaire tombât en désuétude. Les fidèles qui l'acquittent n'ont vraiment aucune part de responsabilité dans les dommages subis par le temporel du Saint-Siège, du fait de la politique de la Maison de Savoie et des entreprises garibaldiennes ; beaucoup même comptent parmi leurs ancêtres des gens qui se sont dévoués pour les éviter, en prenant l'uniforme des zouaves pontificaux ou de la Légion d'Antibes.

Rien de plus juste que le Saint-Siège fasse appel à ce tribut volontaire, du moment que le traitement de faveur dont l'Italie bénéficie ne lui apporte pas, dans sa plénitude, la satisfaction matérielle à laquelle il avait droit. C'est donc à l'Italie, et à elle seule, qu'il est permis de demander si une sorte de point d'honneur ne lui conseillait pas de fournir les satisfactions faute

charité des catholiques, le Saint-Siège n'a failli à aucun de ses engagements, et il a traversé avec honneur ces crises redoutables.

» Mais l'épreuve n'est pas finie. Sans doute, au point de vue financier, *l'intervention de la France dans le règlement des dettes pontificales* a diminué les charges annuelles. Mais il convient de ne pas oublier que, même après ce règlement, le Trésor papal doit encore servir en intérêts 21.337.710 francs. Si l'on ajoute à cette somme l'ensemble des dépenses évaluées pour 1869 à 39.242.426 francs, on arrive à un total qui dépasse 60 millions.

» Or les ressources ordinaires du Souverain Pontife ne peuvent apporter que la moitié de cette somme. C'est donc 30 millions que les fidèles doivent fournir. » (*Annales ecclésiastiques*, publiées par J. Chantrel et Dom Chamard. Année 1869, p. 77.)

Telles étaient les raisons — ou tout au moins l'une des raisons — qu'on proposait aux catholiques français pour solliciter leur générosité. On sait comment ils ont répondu à cet appel, depuis 1869 jusqu'à nos jours.

desquelles le budget de la Cité du Vatican aura
besoin de concours étrangers pour rester en
équilibre. *Fare da se*, n'est-ce donc plus une
formule à la mode? Et puisque le point — le
grand point — était d'assurer l'indépendance
pontificale vis-à-vis des Puissances étrangères,
comment n'a-t-on pas compris, au Palais Chigi,
qu'on met les mots à la place des choses, tant
qu'on n'a pas fait tout le nécessaire pour donner
une base *financière* aussi à cette indépendance?

D'autant que les accords du Latran, du même
coup qu'ils éteignent la question romaine,
ratifient le transfert à l'Italie des anciens États
pontificaux auxquels se sont incorporées, dans
le cours des âges, toute les richesses que la
présence et la puissance des Papes y avaient
évoquées. On faisait déjà, au temps de Pie IX,
la remarque que le serment des Papes, touchant
l'intégrité du domaine temporel de Saint Pierre,
trouvait sa justification — entre autres raisons
majeures — dans le fait que, dépositaires pour
le compte de l'universalité catholique, ils
n'avaient pas le droit de disposer de ce dépôt. Je
retrouve, dans un article qui remonte à 1849,
sous la signature de Granier de Cassagnac, et qui
figure dans les *Mélanges* de Louis Veuillot, un
passage dont l'histoire cautionne l'éternelle
actualité :

« C'est l'argent de la catholicité qui a relevé
les vieilles ruines de Rome et qui a édifié ses
monuments. Ce sont les redevances régulières
payées pendant des siècles sur la mutation des
bénéfices, en Espagne, en Portugal, en Angleterre, en France, au Mexique, au Pérou, qui ont
payé les travaux de Bramante, de Michel-Ange,

de Raphaël, du Bernin et de tant d'autres... Sans les Papes et sans les richesses immenses que l'établissement de la Papauté a attirées à Rome, l'ancienne ville des Césars, tant de fois brûlée et détruite, ne serait qu'une vaste ruine. Non seulement les Romains ne l'ont pas bâtie et ornée ; ils seraient aujourd'hui hors d'état d'entretenir ses monuments. »

Ces considérations ont toutes chances de laisser le Fascisme imperturbable ; mais peut-être aurons-nous la surprise de les voir éveiller, au sein de l'Eglise d'Italie, des sentiments qui participeraient à la fois de la délicatesse internationale et de la solidarité chrétienne. Cette Eglise, la voici en possession d'un Concordat qui comble ses vœux, qui, notamment, la dispense de tendre la main. Ses ministres sont rétribués sur le budget ; l'introduction officielle de l'enseignement religieux dans les écoles de l'Etat ôte beaucoup d'intérêt aux écoles libres ; les corps ecclésiastiques jouissent de la personnalité civile, ils sont admis à posséder et à hériter. Bref M. Mussolini (*Deus nobis haec otia fecit*) l'a mise dans le cas de n'envier aucun autre clergé, et sûrement de faire envie à celui de France (1).

En France, toute la charge de l'entretien du clergé, de l'enseignement libre, des œuvres

(1) Les membres du Sacré Collège résidant à Rome (Cardinaux de Curie) sont rétribués sur le budget du Saint-Siège. Leur traitement annuel vient d'être relevé à 100.000 lire, sans préjudice d'allocations supplémentaires attachées aux fonctions de président ou membre des diverses Congrégations romaines, et qui peuvent atteindre 25.000 lire. — soit en tout, au cours actuel du change, environ 170.000 francs de notre monnaie.

diocésaines, des réparations aux édifices cultuels, retombe sur les fidèles, contribuables tout en même temps comme catholiques et comme citoyens. Quêtes pour le denier du culte, pour les grands et les petits séminaires, pour les écoles, pour le chauffage et l'entretien des églises. Elles se cumulent avec d'autres quêtes pour le Denier de Saint Pierre, pour la Propagation de la Foi, pour de multiples besoins catholiques internationaux. S'étonnera-t-on dès lors qu'entre tant de canaux par lesquels s'écoule la générosité privée, celui qui porte la subsistance à nos curés de campagne soit relativement étroit? Non, elle n'est pas un mythe, la « soutane verdie » de nos humbles desservants. Il n'est pas une exception, le prêtre obligé de préparer lui-même sa maigre pitance, de laver son linge, d'économiser sur le bois et sur la lumière. Et il ne se plaint pas ; il reste digne ; il supporte courageusement les conséquences de la Séparation, de la laïcisation, des « spoliations », comme on disait autrefois, avant que le cardinal Lépicier nous rappelât l'amour dû aux Pouvoirs publics. Il subit une gêne, quelquefois même une misère, à peu près inconnues dans le reste de l'Europe.

Eglise d'Italie, est-ce que cela ne vous dit rien? Vous venez de sonner les cloches en l'honneur du Concordat ; on a dansé de joie devant le Latran ; il ne vous manque plus ni la considération officielle, ni la satisfaction politique, ni les douceurs de la sécurité matérielle et de l'aisance. Il ne dépend que de vous d'ajouter à tous ces avantages celui d'une renommée qui ferait le tour du monde, si, par exemple, vous déposiez au pied du trône pontifical une supplique dans le genre de celle-ci : « Très Saint-Père, nous pouvons désormais nous suffire à nous-mêmes. Si notre Etat n'est pas capable de vous restituer l'équivalent de ce qu'il vous a pris, de façon à subvenir aux frais de la Cité du Vatican, nous sommes prêts à ouvrir, dans nos diocèses, une souscription publique. Nous sommes fiers. Daignez prendre en considération ce qui se passe de fâcheux chez nos frères et confrères de France. Daignez épargner la collecte pour le *Denier de Saint Pierre* à des prêtres qui vivent eux-mêmes d'aumônes. Daignez à tout le moins ordonner que, tant que durera la détresse d'une partie du clergé français, les offrandes qui s'accumulent devant les sanctuaires de Lourdes et de Lisieux, au lieu de prendre d'autres chemins, soient consacrées à la soulager ».

Ce langage honorerait fort l'Eglise d'Italie qui est, par bien des raisons, la mieux placée pour être entendue au Vatican. Il éviterait à l'épiscopat français, qui sent que cet appel à la sollicitude pontificale est juste, la peine de ne pas oser en faire l'aveu.

CHAPITRE V

LA PORTÉE EXTÉRIEURE DES ACCORDS

L'annonce de la signature des accords du
Latran n'a donné lieu à aucune observation
des gouvernements étrangers. C'était à prévoir. Après 1870, toutes les Puissances avaient
reconnu — avec plus ou moins d'empressement — le Royaume italien dont la capitale
venait d'être transférée à Rome. Elles se bor-
naient à prendre acte, sans plus, du fait accompli. En 1929, la même attitude était commandée
par le précédent, sans même parler des raisons
accrues de ménager l'Italie.

Il serait toutefois un peu léger de présumer
que cette réserve, et même les félicitations
officielles, soient le signe d'une approbation
sincère. Chaque gouvernement possède, sur le
fait nouveau, des éléments d'appréciation dont
il ne doit rendre raison à personne, pas même
à ses ressortissants. Le système des anciennes
alliances étant tombé, nul n'est autorisé à dire
que l'événement favorise un groupe de Puissances, dont ferait partie l'Italie — comme avant
la guerre — aux dépens d'un autre. C'est à
chacune à envisager, pour son compte, les
éventualités qui peuvent surgir de la récon-

10

ciliation faisant suite au *dissidio*. Ne doutons pas que cet examen particulier ait eu lieu, encore que rien, ou du moins bien peu de chose, n'en transpire dans la presse officieuse. Quant aux généralités qui forment le fond du sujet, elles sont à la portée de tout le monde. En quelques années l'Italie nous a fait assister au spectacle de deux évolutions : l'avènement du Fascisme et un règlement, au moins provisoire, de la question romaine. Chacune, prise à part, offre déjà un intérêt considérable. Conjuguées, leurs conséquences méritent la plus vive attention.

*
**

Il est des formules, qui prétendent presque à l'axiome et qu'aucun écrivain un peu scrupuleux ne voudrait prendre à son compte. Néanmoins elles contiennent une part suffisante de vérité pour qu'on s'explique leur succès. J'en vois un spécimen qui s'insère presque irrésistiblement dans notre sujet. Avant les accords du Latran, il était d'opinion courante que le Saint-Siège, malgré qu'il prétende à la « supra-nationalité », recherche toujours l'appui *politique* d'une grande Puissance, tantôt de l'une, tantôt de l'autre, selon les sinuosités du cours de l'histoire, pour aboutir à ses propres fins. Ce furent tour à tour — ou alternativement — l'Espagne, la France, la Maison d'Autriche. Depuis ces accords, on entend dire couramment que désormais c'est l'heure de l'Italie. La proposition appelle probablement des réserves, mais il faut convenir qu'elle a les apparences pour elle.

Or l'Italie, avant le Fascisme, ne faisait guère remonter son *Risorgimento* en deçà de 1848. A présent, si nous nous en rapportons à l'esprit et même au texte de déclarations officielles, comme aussi à d'innombrables envolées oratoires ou littéraires, c'est jusqu'au temps des Césars qu'il faut remonter pour avoir une idée juste des destinées que le *Duce* prépare à son pays. La génération précédente n'évoquait le souvenir de l'Empire romain que pour qualifier l'établissement français en Tunisie de nouvelle Carthage. Celle d'aujourd'hui est éduquée de telle sorte que, si elle ne prend pas au sérieux sa vocation renouvelée d'exercer une sorte d'hégémonie sur le monde, ce n'est la faute, ni des habitudes, ni des exercices auxquels on la soumet, moins encore de l'air qu'on s'applique à lui faire respirer. — Faites en ceci la part d'un besoin de verbalisme scénique, il n'empêche que l'Italie moderne, elle le dit assez haut, tient la tête des nations européennes qui se jugent à l'étroit et qui ne seraient pas fâchées de « faire de l'histoire » (1).

(1) Encore à la veille de la grande Assemblée générale du Parti fasciste, un des publicistes qui passent pour le mieux interpréter la pensée du régime, M. Amicucci, écrivait, dans la *Gazzetta del Popolo* (septembre 1929) :

« Les nations prolétariennes réclament aussi leur paix et cette paix ne saurait leur être assurée que grâce à une répartition de terres proportionnée au nombre et à la capacité productive de chaque peuple.

« L'Italie fasciste surtout veut sa paix, sa juste paix qu'elle n'obtint pas au lendemain de la guerre, mais qu'elle a le droit d'exiger aujourd'hui, puisque, sous la garde de Mussolini, elle a acquis la pleine connaissance de ses droits et la pleine capacité de remplir sa mission dans le monde.

« Les heures difficiles, que le Duce a prévues entre

Nous sommes convaincu que l'histoire, telle que désire la faire le Fascisme, ne ressemble pas à celle qui répond aux vœux du Vatican. Il y aura toujours entre les deux points de vues cette différence, qu'ici on attache le bien de la société à l'idée — encore bien vague — d' « internationalisme chrétien », tandis que là, le bien de la Nation est représenté comme devant passer avant tout, et par-dessus tout. Mais ce sont encore de ces conflits de thèses qui n'excluent pas la confrontation, sinon quelquefois l'accommodation des hypothèses. Constate-t-on par exemple, que, depuis la fin de la guerre, la politique du Vatican et la politique italienne marquent autant de divergences dans leurs inflexions que dans leurs finalités ? Dès qu'on prend la peine de revenir sur quelques événements, dont la plupart n'ont épuisé ni leur intérêt ni leur portée, c'est plutôt l'impression contraire qu'on éprouve.

Considérez d'abord ce qui se passe, en 1922, à la Conférence de Gênes. Pendant qu'une partie de l'opinion européenne ne retient encore de la révolution russe que l'histoire de ses crimes et conteste d'instinct tout crédit moral au gouvernement qui en est issu, ni le Vatican, ni l'Italie officielle ne se montrent si difficiles. Ils s' « approchent » séparément, si l'on veut,

1930 et 1940, approchent. Les peuples marchent vers de nouvelles destinées. La grande Angleterre elle-même vieillit et s'épuise. La nouvelle Europe sera fatalement aux peuples jeunes et sains. »

Nous avons vu que les revendications des nations « prolétariennes » étaient déjà inscrites dans le programme nationaliste de 1913.

mais dans un esprit utilitaire de part et d'autre, de cet amas de ruines morales et matérielles d'où chacun espère tirer quelque chose. Je me hâte de dire que l'attitude du Vatican procède d'une idée mystique, d'un dessein de régénération spirituelle auquel on ne peut reprocher qu'une spontanéité excessive. Mais elle coïncide avec une attitude « appétitive » des hommes qui exercent à ce moment, en Italie, le pouvoir ou le contrôle des affaires. Les uns ont l'ambition d'arriver les premiers sur la scène politique russe, les autres pensent surtout à la conquête d'un marché.

Qui veut la fin veut les moyens. L'archevêque de Gênes choque son verre, au cours d'une réception officielle, contre celui de M. Tchitcherine, et le cardinal Sincero vient de Rome pour délibérer avec la délégation soviétique de l'envoi en Russie d'une mission de secours organisée par le Saint-Siège. L'Italie donne la première l'exemple d'une « reconnaissance » officielle du régime soviétique, et les coulisses de la Conférence retentissent de démarches et de colloques, sous le signe sacré du commerce extérieur. On signale notamment l'activité des « pétroliers ». Entre la mystique et la politique, les questions d'importation et d'exportation, s'agite un personnage qui attire fort l'attention des délégations étrangères. C'est Dom Sturzo, alors au pinacle d'une influence que le Vatican utilise et que le gouvernement italien ménage, puisqu'en somme, prêtre et chef du Parti populaire, il a tout ce qu'il faut, non seulement pour jouer les utilités, mais pour interpréter les complexités italiennes.

L'intérêt que le Vatican a témoigné à l'Orient russe date de plus loin. On peut dire qu'il s'est manifesté dès la chute du tsarisme. Mais c'est toujours à des Italiens que sont confiées les missions officielles ou les sondages. En mai 1918, l'archevêque de Milan, Mgr Ratti, en qui M. Mussolini devait saluer ultérieurement un « Pape lombard », est envoyé en Pologne. Le P. Genocchi, ardent patriote, est désigné pour l'Ukraine. Et s'il est vrai qu'un Français, le P. Delpuch, des Pères blancs d'Afrique, d'une expérience renommée en toute matière orientale, est chargé d'une mission en Transcaucasie et Géorgie, ce n'est pas pour longtemps. Sa succession, probablement guettée, échoit au P. Moriondo, religieux dominicain italien.

Il n'y a pas de raison de croire que le Vatican ait accompagné de ses sympathies les expéditions fiumaines de M. Gabriele d'Annunzio. Le fait est pourtant qu'au temps (1920) où la ville et le territoire de Fiume n'étaient encore que la Régence du Quarnero, ils furent disjoints du diocèse croate de Senj et qu'ils reçurent un administrateur apostolique autonome, en la personne de Dom Celso Costantini, ancien aumônier militaire, ami personnel du Maître, aujourd'hui Délégué apostolique en Chine. Cette disjonction, qui avait été refusée jadis à la diplomatie austro-hongroise, causa l'impression la plus pénible en Yougoslavie, où l'on fit la remarque que le Saint-Siège mettait d'habitude moins d'empressement à conformer la topographie ecclésiastique aux improvisations des *Conquistadors* (1).

(1) M. Gabriele d'Annunzio se conduisit d'ailleurs en

On ne peut s'empêcher de noter que tel problème contemporain, et des plus graves, telle controverse qui touche à des sujets politiques actuels (si tant est qu'elle ne les embrasse tous) trouvent le Vatican et le gouvernement italien sensiblement disposés à les envisager sous le même angle. Par exemple, que pense-t-on, ici et là, de la Société des Nations ? M. Mussolini y est représenté, c'est entendu ; mais il a laissé voir plus d'une fois le peu de cas qu'il fait d'elle, et l'on sent de reste que les objurgations de l'Assemblée de Genève ne le gêneraient pas beaucoup, si elle avait l'occasion — et le courage — de lui en adresser. Le Saint Siège a toujours témoigné à la Société des Nations un délicat scepticisme. La presse réputée au service de sa pensée ne lui a même pas ménagé les critiques, dont la plus constante est qu'il y a bien peu de fond à faire sur une Institution internationale, dont le Pape est absent. Pie XI a souligné, dans l'Encyclique *Ubi arcano Dei*, qu'une restauration de la Chrétienté serait bien plus efficace.

Parlerons-nous de la considération due aux traités de 1919-1920 ? Nous avons cité le passage de la même Encyclique qui qualifie expressément d' « artificielle » la paix fondée sur ces traités, et qui même donne à entendre qu'elle

ingrat. Il répondit à tant d'aménité par un trait de poésie : car c'est tout ce qu'on peut dire de moins sévère pour l'éphémère Constitution qu'il imagina de donner au nouvel Etat et dans laquelle une certaine religion « éthique » prenait la place de la catholique. Cette « éthique » a disparu avec l'annexion définitive de Fiume à l'Italie, mais la disjonction des diocèses subsiste.

reste une source de rancune et de vengeances. Cette appréciation n'est d'ailleurs qu'un écho de la campagne entreprise, dès 1919, par le Parti populaire italien en collaboration avec tous les groupements catholiques des pays vaincus et même neutres, campagne qui a bénéficié largement des approbations de la Secrétairerie d'Etat (1). Même le Pacte Kellogg ne trouve pas grâce devant l'*Osservatore romano*, qui, dans un article officieux du 1ᵉʳ août dernier, destiné à commémorer l'anniversaire de la Note pontificale de 1917, prononce ce jugement lapidaire :

« Personne ne peut nier que la guerre a complètement manqué ses prétendues fins idéales et que la paix née du sang n'est pas la paix juste et durable, mais une paix qui a l'esprit de la guerre d'où elle a été engendrée. Voilà pourquoi les tentatives de la politique, nobles en elles-mêmes, font faillite. Voilà pourquoi *les pactes comme celui de M. Kellogg sont dépréciés avant d'être signés*, voilà pourquoi dans le Proche-Orient reste allumé un foyer de troubles qui n'est pas dangereux seulement pour les peuples de cette région » (1).

De l'autre côté du Tibre, on continue à trouver les traités issus de la guerre excellents, en tant qu'ils ont inclu quelque cinq cent mille Croates et Slovènes, outre trois cent mille

----

(1) V. Chapitre III, p. 77.

(2) Il sera parlé du Proche-Orient au chapitre suivant. Nous sommes très loin de contester qu'il offre quelque ressemblance avec un « foyer de troubles ». Mais le point est de savoir si, en traitant avec l'Italie, le Saint-Siège a contribué à éteindre ce foyer ou à lui fournir des aliments nouveaux.

Allemands, dans les frontières italiennes, « stratégiques » au premier chef. Mais, en tout le reste, on ne se prive pas de les critiquer, de déclarer qu'ils ont injustement passé outre aux besoins d'expansion coloniale de l'Italie, aux titres qu'elle possède à l'obtention d'un mandat, titres et besoins qui méritent de recevoir satisfaction tôt ou tard, fût-ce au prix d'une guerre nouvelle En attendant, on n'est pas avare de condoléances, ni sans doute même d'encouragements secrets, aux Etats réfractaires.

On en a sûrement pour la Hongrie en particulier. Ici encore, on peut relever une convergence caractéristique des sympathies des deux gouvernements qui ont leur siège à Rome. De temps en temps, le chœur des journaux italiens et magyars, qui, à peu d'exceptions près, sont exactement au diapason gouvernemental, entament à l'unisson l'hymne de la confraternité des cœurs et de la solidarité des intérêts. C'est sur cet accompagnement que le comte Bethlen et ses ministres reprennent avec assurance la vieille chanson de l'intégrité de la couronne de Saint-Etienne. De leur côté, les organes du Vatican ne ménagent pas leur considération à cette nation *catholique*, qui mettrait demain le feu à l'Europe, si son opiniâtreté publique à demander la revision des traités pouvait s'étayer sur la force. Le haut clergé hongrois sait qu'il n'encourra aucun blâme de Rome, s'il met son ascendant au service de revendications nationales, fussent-elles en contradiction éclatante avec la paix fondée sur les traités en vigueur. Lorsque, au printemps de 1928, le cardinal Seredy, nouveau Primat de Hongrie, fit son entrée solennelle à Budapest, il répondit au discours de bienvenue de l'archiduc Joseph-François en exprimant l'espoir que le Royaume millénaire serait rétabli un jour dans sa primitive grandeur. Et même, désignant les drapeaux magyars et hongrois parmi ceux qui servaient à pavoiser la gare, il fit remarquer qu'ils portaient les mêmes couleurs (rouge, blanc et vert) — symbole, à son estime, de la communauté des aspirations des deux peuples.

Aussi, nulle part les accords du Latran n'ont été accueillis avec un enthousiasme plus sincère qu'en Hongrie ; nulle part on n'a été plus prodigue de métaphores et de sonneries de cloches pour célébrer une réconciliation dans laquelle on croit, à tort ou raison, découvrir un présage d'autres événements qualifiés réparateurs (1). — Et en Bulgarie, et en Albanie, niera-t-on que, pour des raisons différentes, mais qui se tiennent pour ainsi dire compagnie, les traces de l'activité du Saint-Siège et de celle de la politique italienne se suivent et se rapprochent ? — Et la

(1) Le comte Apponyi, qui vient de prononcer, au cours de la dernière session de l'Assemblée de Genève, un discours très justement remarqué, est la personnalité qui représente au plus juste le confluent du chauvinisme magyar et de l'internationalisme dit « chrétien ». Après avoir pris la parole en sa qualité de délégué à la Société, il a présidé le banquet d'inauguration d'une *Semaine catholique internationale* organisée à Genève, et convié ses auditeurs à « insister sur la base *morale* que l'avenir de la paix doit avoir pour durer autant que pour naître ». — La base *morale*, c'est évidemment la mise en pièces du traité de Trianon.

Tout dernièrement, le comte Durini di Monza, ministre

fameuse question des minorités ? Dans bien des cas, ici et là, on lui trouve des aspects communs. Les minorités intéressent la Cour de Rome, du moins en Yougoslavie et en Roumanie, en ce qu'elles sont représentées en général par des éléments catholiques disjoints de l'ancien Empire des Habsbourg. Elles intéressent la diplomatie du Fascisme, parce que leurs agitations et leurs revendications constituent, après tout, une réserve d'incidents qu'elle ne s'interdit nullement de mettre à profit.

Ce n'est donc pas, je crois, céder à la tentation de développer une thèse que de dire qu'en pleine période de *dissidio* officiel et apparent, les deux courants politiques qui émanaient de Rome avaient déjà tendance à couler dans le même sens. On ne saurait prétendre qu'ils fussent parallèles, puisque, par définition géométrique, les parallèles sont destinées à ne se rencontrer jamais. Le fait est plutôt qu'ils se dirigeaient par sympathie d'inclinaison, vers certains points d'angle, où la rencontre était inévitable. A ce fait convient-il

---

d'Italie à Budapest, appelé à un nouveau poste, prenait congé de la presse en des termes qui semblent bien un peu excéder la traditionnelle réserve diplomatique : « M. Mussolini, a-t-il dit, a toujours défendu et il défendra fermement dans l'avenir les intérêts magyars dans les rapports internationaux. Il a déclaré que la Hongrie *mérite pour l'avenir un meilleur sort.* C'est aussi mon avis, et, quoique je ne sois pas appelé à donner de conseils, je ne peux dire d'autre parole en m'en allant que celle de *l'espoir.* »

Le vieil homme d'Etat catholique hongrois, son compatriote le cardinal Primat et le diplomate italien semblent avoir pris copie l'un sur l'autre.

d'assigner des raisons particulières à chaque cas ? La recherche serait longue et probablement infructueuse. Serait-ce que la coïncidence des points de vue, sans même qu'elle ait été concertée, se présente comme un effet naturel d'une façon de voir les choses *à l'italienne* ? Après tout, ce sont des Italiens qui pensent et qui gouvernent, à l'ombre de la Coupole de St-Pierre comme au Palais de Venise et à la *Consulta*. Il se peut qu'un phénomène d'ordre psychologique intime ramène les opérations distinctes de leur esprit, en dépit de différences manifestes de but et de moyens, à une sorte de niveau commun.

*
* *

En tous cas, au moment où l'Italie aspire et se prépare à tenir plus de place sur la scène du monde, le gouvernement de l'Eglise réussit à dilater son influence du côté politique et il resserre autour de son centre tous les liens de la subordination spirituelle.

Le dogme commande la morale ; la morale régit les rapports sociaux ; ceux-ci, à leur tour, engendrent et légitiment une attitude déterminée dans la vie publique, nationale et même internationale : tel est le tryptique devant lequel le Saint-Siège invite les fidèles à se placer désormais pour avoir une idée complète de leurs droits et surtout de leurs devoirs. Ni le principe, ni le mode de raisonnement ne sont nouveaux : après tout, ce qu'on invoque ici, c'est l'unité de l'homme devant sa destinée. Ce qui est nouveau, c'est la vulgarisation d'une thèse qu'on n'exposait guère jadis que dans les ouvrages de théologie, et qui, de nos jours, s'épanouit dans la prédication, la conférence, le livre, le tract, le journal — bref au secours de laquelle vole incessamment la publicité. Il y a de quoi rendre un peu perplexes ceux qui s'obstinent à trouver plus avantageuse une délimitation entre le domaine de la spiritualité et celui de César.

En résultats, nous voyons les « directives » romaines, dans la plupart des pays catholiques et même inter-confessionnels, pénétrer jusqu'aux racines de l'autorité civile, en tant que cette autorité procède de la volonté populaire, légalement exprimée. Non seulement une foule d'individus, mais des partis, dénommés « catholiques » ou autrement, prennent ces directives pour un mot d'ordre. Il suffit d'évoquer ici les souvenirs du ralliement en France et des tactiques du Centre en Allemagne. On prête à Pie IX ce propos amer, au lendemain du plébiscite qui venait de ratifier l'annexion des anciens Etats romains au royaume d'Italie — *« Suffrage universel, mensonge universel »*. La proposition n'a plus cours. Dans la mesure où le suffrage universel accepte d'être guidé par la hiérarchie ecclésiastique, il est en passe de devenir une vérité.

D'un autre côté un esprit de plus en plus centralisateur préside au gouvernement des âmes. Nous laissons aux canonistes à juger si le nouveau *Codex juris canonici*, œuvre du cardinal Gasparri, restreint, comme nous l'avons entendu dire, l'autonomie épiscopale en faveur des grandes Congrégations romaines et des administrations vaticanes. En tous cas des faits publics, à la portée des profanes, attestent que l'Autorité centrale s'applique à ramener sous son contrôle direct certains importants organismes qui, en dépit de leur origine et de leurs mérites nationaux, s'acquittaient à merveille de la fonction internationale en rapport avec leur but. Le transfert à Rome du Siège de la *Propagation de la Foi*, qui avait révolu son centenaire en France, en est un bel exemple. On prétend que celui de l'*Œuvre de la Sainte Enfance* est prochain. Pourtant cette œuvre aussi mérite si peu le reproche de ne pas s'inspirer de la supranationalité de l'Eglise qu'elle offre au contraire le spectacle rare d'une collaboration sympathique entre les Français et les Allemands qui participent à sa direction.

C'est aussi dans la vaste aumônière pontificale — réputée à juste titre pour sa munificence — que viennent se confondre les ressources prélevées sur les offrandes dont la piété des fidèles enrichit sans cesse des sanctuaires vénérés en divers pays, notamment en France. Par exemple, les fonds recueillis à Lisieux ont fait presque tous les frais du nouveau séminaire appelé *Russicum*, créé à Rome en vue de la formation de prêtres qui, en des temps plus cléments, seront chargés du sacerdoce et de l'apostolat en Russie. C'était une bonne raison — entre autres — pour placer cette fondation sous le patronage de sainte Thérèse de l'Enfant Jésus. Il est devenu presque de règle que Rome se réserve d'évoquer et de répartir les disponibilités financières de toute provenance qui doivent être mises au service de l'expansion missionnaire.

S'il s'agit, à présent, non plus de finances, mais de l'enseignement supérieur et de la haute culture conformés à la doctrine et à la tradition catholiques, le même principe de centralisation est poussé jusqu'à ses plus rigoureuses conséquences. On ne redoute pas, à Rome, les complications bureaucratiques, pourvu qu'on épargne à la hiérarchie intermédiaire les responsabilités. Sait-on qu'à l'heure qu'il est, aucune des Universités catholiques admises à décerner des diplômes ne dispose du droit de choisir un professeur, ni même d'agréer un simple sujet de thèse, sans l'autorisation préalable d'une commission d'études présidée par Mgr Bisleti ? On est quelquefois surpris que la science et l'autorité personnelle des chefs de ces Instituts ne les dispense pas de ce recours.

Il y a quelque chose de majestueux dans cette Puissance romaine, qui trouve moyen de conserver son caractère transcendant sans renoncer au contrôle méticuleux du détail. Tel est le triomphe d'une Institution à qui l'on ne pourrait, sans injure, appliquer l'épithète moderne d' « impérialiste », mais qui développe sans conteste autour d'elle une atmosphère d'*Imperium*. Ils n'ont pas si tort ceux qui disent que la partie politique et administrative de l'héritage des Césars a été recueillie par les successeurs de saint Pierre. Seulement nous restons frappés de ce que les Italiens d'aujourd'hui, sans en revendiquer positivement la partie matérielle, ont puisé, dans les enseignements du Fascisme, l'ambition et le goût d'un *Imperium* d'un autre genre. Sans le moins du monde perdre de vue tout ce qui distingue un Pouvoir de l'autre, on a l'impression que de chacun émanent des ondes d'autorité ou d'ambition dont l'origine commune est en Italie.

Dans l'avenir, au delà même de la période fasciste — qui, après tout, peut n'être qu'épisodique — ces deux Pouvoirs se prêteront-ils assistance ou seront-ils rivaux ? Pour employer une formule plus pompeuse, mais que d'aucuns jugent attrayante, y aura-t-il alliance ou conflit entre le Glaive et les Clefs ? Nous n'en savons rien. Pour le moment, c'est la rivalité qui est le plus apparente, et l'on en connaît les raisons. Mais après tout, cette rivalité, qui porte surtout sur des doctrines, n'a empêché ni la signature des accords du Latran, ni leur mise en application, ni leur approbation quasi-unanime par un sentiment national qui s'attend à en recueillir des fruits substantiels. Tel est le fait dont il est bien permis aux autres nations de prendre acte, je ne dis point avec appréhension, mais avec une attention penchée sur les profondeurs du *possible* inclu dans l'événement (1).

*
* *

(1) Nous ne nous sentons nullement enclin à tirer une conclusion générale de menus faits qui pourraient faire croire à des connivences, aux dépens de tiers intérêts, entre la politique du Saint-Siège et celle du gouvernement italien. Mais pourquoi faut-il que *Vita e pensiero*, Revue bien connue et avantageusement classée dans la presse catholique, donne l'éveil à quelque supposition de ce genre, par exemple en introduisant, dans une exégèse

Le certain, c'est que l'échange officiel de missions diplomatiques va rendre les colloques beaucoup plus libres entre les deux Pouvoirs et les mettre à l'aise pour s'entretenir de toute sorte de sujets. Rien n'oblige M le comte de Vecchi et Mgr Borgongini Duca à restreindre leurs conversations aux affaires qui n'ont trait qu'aux rapports entre l'Italie et le Saint-Siège. Ce n'est pas la coutume des ambassadeurs de laisser perdre les occasions d'appren-

historique des derniers accords, les souvenirs personnels de Mgr Kelly, évêque d'Oklama aux Etats-Unis ?

Mgr Kelly — au rôle de qui M. Mussolini a d'ailleurs fait allusion dans son discours du 13 mai — s'était entremis, à Paris, pendant la Conférence de la paix, entre Mgr Cerretti et M. Orlando, alors président du Conseil, en vue de préparer la réconciliation qui ne devait intervenir que dix ans plus tard.

Il a tenu note de ses conversations dans un journal quotidien (*diario*), qu'il a confié à *Vita e pensiero* et que ce périodique a publié dans le courant de l'été. Voici ce que nous lisons, sous la date du 18 mai 1919 :

« En faveur d'une solution conciliatrice, je dis, entre autres arguments, que le Saint-Siège allait bientôt considérer comme opportun d'augmenter son activité missionnaire, et qu'il m'apparaissait logique de transférer la Centrale (l'œuvre de la *Propagation de la Foi*) de Paris et de Lyon à Rome. Je mis en relief ma pensée sur l'*avantage financier qui résulterait pour l'Italie d'une semblable mesure*. La question romaine non résolue pourrait être un obstacle. »

On savait déjà que le transfert du siège de la *Propagation de la Foi* de France à Rome avait été suggéré, pour ne pas dire réclamé, par certains prélats américains. Mais nous n'avions pas encore été initiés au raffinement d'une *combinazione* dans laquelle nous trouvons amalgamés des intérêts missionnaires, des avantages « financiers » pour l'Italie, et un argument nouveau en faveur de la liquidation de la question romaine.

Il va de soi que nous laissons à l'évêque d'Oklama — Anglo-Saxon capable de rendre des points à ses interlocuteurs italiens — tout l'honneur et toute la responsabilité de cette trouvaille.

dre ou de surprendre tout ce qui peut intéresser leurs gouvernements respectifs. Les sondages à leur tour peuvent conduire à des ouvertures. On a toutes les peines du monde à s'imaginer qu'un contact permanent entre deux Italiens de la meilleure école diplomatique — et je ne parle même pas du rôle des « entourages » — puisse ne pas aboutir, pour peu que les circonstances s'y prêtent, à quelque *combinazione* et même à plusieurs.

Encore, des diplomates qui agissent sous l'œil de leurs gouvernements, comme c'est désormais le cas à Rome, disposent-ils d'un pouvoir d'initiative limité. Mais voici que, dans le monde entier, les représentants du Pape et ceux du Roi d'Italie se voient autorisés, conviés peut-être, à rompre la glace qui s'opposait à leurs fréquentations. Couche de glace déjà bien légère et superficielle, car, depuis plusieurs années, en dépit du *dissidio*, ils échangeaient des visites et déjeunaient les uns chez les autres. Compatriotes, parlant la même langue, en contact aisé, grâce aux conformités du caractère, à la fréquence entre eux des liens d'origine locale ou même familiale, ils ont bien dû respirer « quelque chose » de l'air d'*Union nationale* dont on s'accorde à penser et même à dire que sont imprégnés les accords du Latran. Sans doute ils ont chacun leur Maître, mais la patrie est commune. Pour ce qui regarde les nonces, dépouillez-les de leur nature humaine tant que vous voudrez. Il en restera toujours assez pour que le cardinal Cerretti, dans une allocution prononcée à Montmartre, et au retour d'une mission en

Australie, exalte les insignes affinités entre l'Eglise et l'Italie et ne laisse point à douter de son ardent et d'ailleurs légitime patriotisme. Son cas n'est sûrement pas isolé.

Par conséquent, à la périphérie des réseaux diplomatiques dont le centre commun est Rome, partout où le Saint-Siège et le gouvernement royal entretiennent des postes, fonctionnent désormais deux agents, en qui l'attachement aux intérêts de l'Italie est, sinon égal, du moins vraisemblablement comparable. C'est un avantage que le *Duce*, sans aucun doute, n'a pas perdu de vue, et que nul autre pays ne possède. Le principe d'une collaboration ainsi posé, il ne faut pas s'attendre à ce que le gouvernement italien le restreigne. Il a tout intérêt, au contraire, à l'étendre. Il sait fort bien qu'en l'état actuel des choses l'agent du Saint-Siège n'a ni le goût, ni les moyens de contrecarrer sa politique extérieure. A la Secrétairerie d'Etat, par contre, on a des raisons de sauvegarder l'indépendance des nonces, qui, pour le coup, n'est plus protégée par les murailles de la Cité du Vatican, ni rendue *visible* par la disjonction matérielle de cette Cité d'avec le territoire italien. Supposons qu'elle y mette une extrême bonne volonté, qu'elle multiplie les instructions, et qu'elle le fasse savoir, pour rassurer tout le monde. Ce n'est encore là qu'une garantie relative. Les gens du métier ne me démentiront pas.

On s'imagine à tort que, dans les postes diplomatiques, on passe son temps à ourdir des plans politiques, sous le contrôle du Chef hiérarchique suprême. La vie du diplomate

— du moins dans le train ordinaire des choses — ne se passe guère sur ces hauteurs, surtout aujourd'hui. Elle se déroule sur le plan des obligations protocolaires et des affaires administratives *lato sensu*. L'ensemble, selon l'esprit qu'on y apporte, coopère bien à une *politique*, mais les détails, par leur nature même, échappent à un contrôle suivi. Si le Vatican pouvait se flatter que nulle part ses agents ne dépassent la ligne de démarcation entre la « supranationalité » de l'Institution qu'ils représentent, et les sentiments personnels qu'ils tiennent de leur nationalité propre, le dédoublement tiendrait presque du miracle, et M. Mussolini lui-même — qui n'y compte pas — serait obligé de faire amende honorable des propos légers qu'il a tenus sur l'Eglise.

En fait, il est inévitable que les envoyés à l'étranger du Pape et ceux du Roi échangent à tout le moins des informations, qu'ils se procurent les uns aux autres des recoupements. Les premiers, de par l'autorité qui leur est reconnue sur le corps ecclésiastique (1), sont à même de pousser leurs investigations a travers la vie religieuse, sociale, électorale au besoin, du pays de leur résidence. C'est par eux que passent les « directives », et que la

(1) « Par les Brefs qui les concernent et par leurs instructions, on peut se convaincre que la mission des nonces apostoliques est, non pas purement diplomatique, mais autoritaire, quant aux fidèles et aux matières religieuses » (Lettre de la Secrétairerie d'Etat au nonce apostolique de Madrid, 13 avril 1885 — citée dans un article sur la conclusion des Concordats. *Revue politique et parlementaire*, du 10 avril 1902. V. aussi le Canon 267 du nouveau Code de Droit canonique.)

presse catholique reçoit des instructions, auxquelles elle se soumet — du moins en France — sans la moindre velléité d'amour-propre national, ni même de discernement. — Les seconds disposent de toutes les sources d'informations que la tradition réserve à une ambassade ou à une légation bien organisées, et auxquelles les mœurs modernes ménagent un débit considérable. Faites la juxtaposition : vous ne pouvez manquer de conclure que la diplomatie italienne, outre qu'on la sait fort avisée, va se trouver désormais exceptionnellement bien renseignée.

Dans les pays de missions, ou même — plus généralement, dans les pays où la vie catholique se concentre plus particulièrement autour de Congrégations religieuses — les consuls italiens et les chefs des Congrégations italiennes n'ont pas attendu la fin du *dissidio* pour se prêter réciproquement le concours le plus détaché des scrupules que pouvait entraîner le souvenir de la brèche de la *Porta Pia*. Maintenant que cette brèche est fermée, que l'anniversaire du 20 septembre 1870 est commémoré à Rome comme une fête nationale, à laquelle le Vatican s'associe, on peut s'imaginer l'effet de la réconciliation, accru par le fait de la distance et par l'exaltation du sentiment national dans la plupart des foyers d'émigration.

*
* *

En ce qui concerne la France, cela ne signifie pas que la Propagande aura tendance à favoriser systématiquement les missions ita-

liennes aux dépens des nôtres. Nous aimons
à penser qu'en pareille matière la Spiritualité,
surtout sous un Pontificat qui a pris très
sincèrement à cœur l'expansion missionnaire,
saura défendre son domaine. Au surplus, si la
politique prétendait l'envahir, ce ne serait
point par un côté où l'attaque a été signalée
d'avance. Nos préoccupations devraient se
porter plutôt sur les encouragements implicites
que les accords du Latran fournissent aux
colonies italiennes dans les pays où, déjà sta-
bilisées, elles se présentent en état de force
numérique appréciable, et en état d'esprit qui
commence à se ressentir de la psychologie
fasciste. On pense ici non seulement à l'Afrique
du Nord, mais même aussi à la Provence et à
la Gascogne.

Parlons net : on s'efforce depuis longtemps
de mettre dans la tête des émigrants italiens
qu'il sont moins débiteurs d'hospitalité que
créanciers des pays où leur présence est utile.
Le Fascisme a renchéri sur ce point de vue ; il
enseigne qu'en tout émigrant réside une por-
tion de l'Italie, pour ainsi dire exterritorialisée
et fondatrice de foyers qui continuent à relever
de la communauté nationale. Cette fois, le mot
« colonie » est pris au sens actif, romain, et
qui, s'il n'annonce l'esprit de conquête, emporte
revendication d'autonomie. D'où conflit, pour
ainsi dire fatal, encore que souvent latent,
entre la politique d'assimilation graduelle des
Etats où ces colonies sont établies à demeure
et la politique du gouvernement de Rome, qui
vise à ne laisser échapper aucun de ses sujets,
même au bout de deux générations, du giron

juridique, moral et sentimental de leur nationalité originaire.

Il est clair que l'influence religieuse se présente à lui comme un auxiliaire des plus utiles. Pour ne parler que du bassin de la Garonne, les Italiens, au nombre d'une centaine de milliers, qui sont en train d'y faire souche, ne manquent ni d'aumôniers, ni de religieux, ni de visiteurs, qui relèvent, à ce qu'il semble, de la juridiction de Mgr Torricella. Que tout se soit passé jusqu'ici avec discrétion, nous ne demandons qu'à le croire. Mais nous croyons aussi volontiers que les accords du Latran, en mettant complètement à l'aise les ecclésiastiques animés du zèle national, seront cause d'un redoublement d'efforts pour soustraire cette population à l'attraction de la nationalité française. Il serait à souhaiter que certaines *Semaines religieuses* de France — nous en avons un exemplaire sous les yeux — ne fissent pas une réclame, très vraisemblablement gratuite, au journal *Il Corriere*, qui se publie à Agen, sous le haut patronage de Mgr le prélat pour l'émigration italienne. Nous n'avons jamais mis en doute les sentiments patriotiques de notre clergé. Mais nous sommes moins sûr qu'il se rende toujours compte de la portée des entreprises qu'on lui représente comme exclusivement dirigées vers le bien des âmes (1).

(1) Nous ne sommes pas les seuls à qui convienne de réserver un droit de regard sur la coopération de l'influence religieuse à la politique italienne. Dans l'Amérique du Sud, par exemple, notamment au Brésil et en Argentine, les colonies qui se sont prêtées allégrement à la *Fascistisation* affectent quelquefois des allures de hauteur et des habitudes de sans-gêne imitées de la

*
* *

Le cas de guerre a-t-il été prévu dans le Traité politique du Latran ? C'est encore un point qui ne saurait trouver indifférents ni les gouvernements étrangers, ni le monde catholique en général.

Le premier paragraphe de l'article 12 du Traité politique est ainsi conçu :

« L'Italie reconnaît au Saint-Siège le droit de légation actif et passif, selon les règles générales du Droit international. Les envoyés des gouvernements étrangers près le Saint-Siège continueront à jouir de toutes les prérogatives et immunités qui concernent les agents diplomatiques, et leurs résidences pourront continuer à demeurer sur le territoire italien en jouissant de toutes les immunités requises par le Droit international, *même si leurs Etats n'ont pas de rapports diplomatiques avec l'Italie.* »

Ce texte ne fait, en somme, que développer l'article 11 de la Loi des garanties, qui disait plus sobrement :

« Les représentants des gouvernements étrangers près Sa Sainteté jouissent dans tout le Royaume de toutes les prérogatives et immunités qui appartiennent aux agents diplomatiques, en vertu du Droit international. »

Métropole. L'esprit d'autonomie dont elles sont imbues ne s'accorde pas toujours avec les convenances politiques ou sociales du milieu dans lequel elles ont trouvé l'hospitalité. Jusqu'ici, leurs chefs spirituels ont évité de se compromettre dans des manifestations ou dans des grèves qui n'étaient pas sans causer des embarras au gouvernement local. Mais on ne peut encore savoir si la réconciliation scellée à Rome n'aura pas pour effet un redoublement des ferveurs de l'*italianità*.

La seule innovation appréciable consiste en ce que l'Italie admet la présence sur son territoire, avec toute garantie d'immunités d'usage, des missions auprès du Saint-Siège qu'auraient accréditées des Etats *n'ayant pas* de rapports diplomatiques avec elle-même. La précision couvre un cas qui sera probablement très rare et dont nous ne connaissons pas d'exemple pour le moment. Mais elle ne s'étend pas à celui qui nous intéresse. Elle esquive l'hypothèse d'une *rupture* de relations diplomatiques préexistantes entre l'Italie et un autre Etat, c'est-à-dire tout justement le cas de guerre.

On nous en parle, il est vrai, sous une forme ambiguë, au second paragraphe de l'article 12 du Traité politique :

« Il reste entendu que l'Italie s'engage à laisser toujours libre la correspondance entre tous les Etats, *y compris les belligérants*, et le Saint-Siège, et *vice versa*, ainsi que le libre accès des Evêques de tout l'univers auprès du Siège apostolique. »

Si l'on se contente d'une lecture superficielle, il semble que la question soit épuisée. A regarder de plus près, on s'aperçoit que la liberté de la correspondance, en temps de guerre, n'est assurée qu'entre *le Saint-Siège* et les Etats belligérants. Le texte n'étend pas la même garantie à la correspondance entre les *agents* accrédités auprès de lui et leurs propres gouvernements.

C'est là pourtant le point délicat, la pierre de touche de la sincérité et de l'efficacité des dispositions à prévoir pour assurer, en tout temps, par conséquent même en temps de guerre, le fonctionnement régulier du mécanisme diplomatique autour du Saint-Siège. On se souvient de ce qui s'est passé en 1915 (1). La situation, demain, serait exactement la même. Prudemment, les rédacteurs du Traité politique ont renoncé à trouver une formule qui conciliât les immunités reconnues aux agents diplomatiques avec les précautions que l'Italie doit prendre, en temps de guerre, contre les risques d'un espionnage quasi-officiel. C'est la souveraineté du Saint-Siège qui fait les frais de ce silence calculé. On a eu beau la rendre *visible*, lui prodiguer les festons du décor extérieur, elle n'est pas entière, puisqu'en fait les Etats en guerre avec l'Italie perdront le contact avec elle par le canal naturel et obligatoire de leurs accrédités. Toutes les fictions juridiques n'empêchent pas la Cité du Vatican de n'être géographiquement qu'une enclave, exactement comme à l'époque où le palais proprement dit du Vatican n'était qu'exterritorialisé.

Le texte de l'accord politique que nous venons de citer donne lieu à la réflexion qu'en traitant seul à seul avec l'Italie le Saint-Siège n'avait aucun moyen d'éviter cette impasse. Si les tierces Puissances avaient été conviées à intervenir au règlement de la « question romaine », peut-être leur présence aurait-elle permis de dégager une solution qui, après tout, eût été conforme à leur intérêt aussi. Etant posé que l'abus probable du secret de la correspondance est le principal obstacle à l'accomplissement

____

(1) V. Chapitre II, p. 45.

des fonctions diplomatiques auprès du Saint-Siège en temps de guerre, il n'est pas impossible, à toute rigueur, de le lever au moyen d'un contrôle. C'est ce qui avait été proposé en 1915, d'ailleurs sous une forme inacceptable, puisqu'il était offert au Saint-Siège lui-même, qui, pour de hautes raisons de convenance et de prudence, s'est empressé de le décliner.

Mais un neutre, résidant à Rome, et qui aurait par hypothèse la confiance de toutes les parties, pourrait se charger de cet office. Sa mission consisterait uniquement à vérifier si l'échange des dépêches et des instructions entre les Etats belligérants et leurs mandataires auprès du Saint-Siège est ou non dépourvu d'intérêt au point de vue de la conduite de la guerre. De ce fait, il pourrait être associé à certaines confidences, et c'est, à coup sûr, un inconvénient. Savoir si l'inconvénient n'est pas plus grave — tant pour le Souverain Pontife que pour les Etats en relations diplomatiques avec lui — de voir ces relations automatiquement compromises en même temps que la paix, forme une autre question dont nous éviterons de nous porter juge. Contentons-nous de dire qu'elle méritait d'être posée et qu'elle ne pouvait l'être que devant une conférence internationale.

*
* *

En fait, dès le début d'hostilités européennes auxquelles l'Italie serait partie, la situation, en dépit des accords du Latran, serait plus obscure qu'en 1915.

En 1915, l'Italie était hésitante, divisée, et, du fait même qu'elle n'avait pris vis-à-vis du Saint-Siège que des engagements unilatéraux, elle était deux fois obligée d'y faire honneur. Ainsi l'exigeaient une partie de l'opinion publique chez elle, et les responsabilités qu'elle avait assumées devant les gouvernements et les peuples étrangers sans exception. Aujourd'hui l'Italie s'accommode d'un régime qui, déjà « totalitaire » en temps de paix, serait manifestement « super-totalitaire » en cas de conflit. A la façon dont le *Duce* traite le Saint-Siège, quand il essuie des objections sur sa politique « éducative », on peut préjuger de la douceur avec laquelle il accueillerait celles qui viendraient se mettre en travers de sa politique belligérante. Les accords du Latran forment bien loi — mais *inter partes* seulement. C'est lui qui se chargerait de dégager la jurisprudence. Quant à l'opinion extérieure, du moment qu'elle n'a été ni consultée, ni même pressentie, elle se bornerait probablement à conclure, si cette jurisprudence est arbitraire, que c'était à l'autre partie à prendre mieux ses précautions.

Imaginez que, par malheur et pour faire une hypothèse que nous espérons bien gratuite, cette guerre éclate entre l'Italie et la France. — Certes, jusqu'à présent, le Palais Taverna, résidence de notre ambassade auprès du Saint-Siège, s'est vu épargner les manifestations désormais rituelles, et pour le moins trimestrielles, dirigées contre le Palais Farnèse (1). Des manifes-

<hr>

(1) Encore dans le courant du dernier mois de septembre, le correspondant romain du *Temps* écrivait :

« Depuis jeudi matin jusqu'à vendredi soir, comme ce

tations analogues ont été, du reste, depuis 1919, singulièrement fréquentes, dans presque toute l'Italie, à la porte aussi de nos consulats. Au surplus si, en pleine paix, des incidents légers sont cause de véritables déchaînements de la presse aux ordres du régime ; si tout est prétexte à des attaques verbales contre la France — l'affaire Nobile, l'affaire Nardini, les épreuves sportives de Saint-Ouen, les conflits sur notre territoire entre fascistes et *fuorusciti*, sans même compter les vieux griefs que l'Italie croit avoir contre nous — on peut prévoir ce que serait, à peine la guerre déclarée, la psychologie

fut déjà le cas dans de nombreuses circonstances, l'ambassade de France a été entourée d'un fort barrage de troupes, y compris même de la cavalerie, interdisant toute circulation autour de l'édifice, et ne laissant passer même nos diplomates qu'après vérification de leur identité. Cette mesure a étonné, d'autant plus que sa justification n'apparaissait nullement et qu'aucune autre ambassade à Rome, sauf celle de Yougoslavie, n'était en même temps l'objet de pareilles dispositions. Sans doute a-t-on craint en haut lieu qu'à l'occasion de l'anniversaire de la délivrance de Fiume, qui se célébrait pour la première fois à Rome, les légionnaires accourus ne fissent quelque démonstration devant le palais Farnèse. Le secrétaire du parti fasciste, M. Turati, devait en effet parler à cette occasion, et on se souvient que c'est après une de ses harangues, au sujet du verdict du jury parisien dans l'affaire Nardini, que les étudiants romains organisèrent des manifestations devant notre ambassade. Mais cette fois, on se demande en quoi la France pouvait bien être mise en cause dans cet anniversaire des événements de Fiume.

Le discours de M. Turati, prononcé au Colisée devant les légionnaires fiumains, ne contient d'ailleurs, du moins dans la version officielle publiée par la presse, aucune attaque spécialement dirigée contre la France. Tout au plus y découvre-t-on un passage connu et classique dans toutes les harangues fascistes sur « la trahison des ingrats alliés ».

de la rue. Nous souhaitons à l'ambassadeur de France auprès du Saint-Siège, qui occuperait le poste à pareille heure, de s'armer de philosophie. Nous doutons même fort que l'exhibition des accords du Latran le dispense de suivre à brève échéance la retraite de son collègue auprès du Quirinal, et qu'à la Secrétairerie d'Etat on fasse des instances pour le retenir.

Eloignons plutôt cette perspective. Tâchons de faire confiance à l'affirmation, formulée officiellement, que ces mêmes accords « apportent une contribution à la paix générale », malgré que nous ayons entendu dire à un sceptique :

« C'est curieux : je me sens toujours disposé, par vieille habitude, à m'incliner devant l'importance de certains propos officiels ; mais je ne saurais parvenir à leur en accorder aucune, au point de vue du raisonnement ».

CHAPITRE VI

CATHOLICITÉ, LATINITÉ ET ORIENT

Dans le cadre si large de la politique extérieure on discerne une région aux contours indéterminés, où l'annonce d'une solution de la question romaine a dû causer une double surprise, puisqu'elle s'insinue dans l'histoire d'une antique scission religieuse. Quel accueil a fait l'Orient européen, celui qu'on appelle à Rome l' « Orient séparé » aux accords du Latran ?

Nous ne possédons encore sur ce point que des témoignages assez clairsemés. L'impression a dû être profonde chez les savants, les lettrés, l'élite de l'opinion publique. Elle ne s'est pas traduite — sauf en Grèce — par des manifestations hostiles. Toutefois la matière est assez riche pour offrir, en quelque sorte, une documentation permanente. Et même son intérêt porte assez loin, en arrière comme en avant, pour qu'il vaille peut-être mieux ne pas s'obstiner à le saisir, comme sur une plaque photographique, au passage de l'éphémère actualité.

*
* *

Dans l'accord tripartite du Latran, ce n'est point le Concordat qui prête à la critique, et pas même à l'étonnement des orthodoxes. On a presque envie de dire : au contraire. Il y a des affinités de droit canonique de l'une à l'autre Eglise (1). Toutes deux revendiquent la compétence ecclésiastique, étendue aux effets civils et même aux litiges, en matière matrimoniale. C'est une satisfaction, on le sait, que M. Mussolini vient d'accorder au Saint-Siège. Une autre, qui consiste à introduire l'enseignement confessionnel dans toutes les écoles de l'Etat, paraît à coup sûr aller de soi en Yougoslavie, en Roumanie, en Bulgarie, en Grèce, où les idées françaises sur la laïcisation manquent de toute base historique ou politique. Enfin, si les premiers commentaires catholiques qui ont suivi l'annonce du Concordat ont exagéré la portée du principe que le catholicisme était reconnu « religion d'Etat » en Italie, le *Duce* s'est promptement libéré du soupçon de pactiser avec la théocratie. Non seulement la loi

(1) Le Concordat italien et la nouvelle loi sur l'Eglise autocéphale yougoslave, promulguée quelques mois plus tard, se prêtent à des rapprochements assez curieux. L'un et l'autre marquent l'intérêt que l'Etat porte à l'Eglise, en contraste avec la neutralité professée par certains pays catholiques, et même quelquefois soulignée, comme en France, par certaines prohibitions. L'article 3 de la loi yougoslave stipule : « L'Eglise serbe orthodoxe et ses différentes parties intégrantes sont des personnes juridiques, jouissant de tous les droits qui leur compètent comme telles. » L'article 6 : « Toutes les autorités de l'Etat fourniront leur concours pour l'exécution des ordres et jugements de l'autorité ecclésiastique. » L'article 9 assure au clergé des subventions gouvernementales ; l'article 13 l'exonération de certains impôts. On pourrait citer d'autres analogies.

du 14 mai 1929 garantit toute liberté et même tout respect aux cultes dissidents ; ses discours caustiques ont dû enlever leurs dernières illusions à ceux qui voyaient déjà le bras séculier au service de la conception médiévale de la simple tolérance. Par conséquent, tout apaisement est donné aux sujets orthodoxes du Royaume et leur sort n'a rien qui mérite d'apitoyer leurs coreligionnaires, sujets d'autres États (1).

Le Traité politique, au contraire, découvre une source abondante de réminiscences et de critiques.

Il y a plus d'un demi-siècle, l'ouverture de la « question romaine » avait déjà placé sous un angle saillant le contraste entre le principe supranational, duquel se réclame l'Eglise catholique, et le caractère autocéphale, donc éminemment national aussi, des Eglises de rite grec ou gréco-slave. Celles-ci pouvaient se flatter d'échapper, par leur constitution même, à la crise de Pouvoir temporel — telle du moins qu'elle s'annonçait en Italie, à partir de 1860. Un Pouvoir temporel proprement dit aux patriarches ou aux Saints Synodes, pourquoi faire ? En pays orthodoxe les chefs de la religion participent à l'autorité de l'Etat, en même temps qu'ils s'y subordonnent. Assurément, le césaro-papisme, dont on a parlé si sou-

____

(1) Cependant, nous trouvons exprimée dans l'*Hestia*, journal d'Athènes (29 mai) la crainte qu'à la suite des accords du Latran, « les orthodoxes placés sous la domination italienne, soit Yougoslaves, soit habitants du Dodécanèse, soit indigènes de la Tripolitaine et de l'Erythrée, se trouvent exposés à la propagande intensive et méthodique du Vatican et de l'Italie ».

vent, n'est pas tout à fait ce qu'un vain peuple pense ; même dans l'ancienne Russie, le gouvernement laissait aux ecclésiastiques la compétence en matière de dogmes, de rites et de discipline intérieure. Mais, mêlé de tout près à la vie administrative, juridique, financière, de *son* Eglise, chaque Etat orthodoxe protège celle-ci suffisamment pour ne lui laisser à désirer aucune garantie. L'Eglise, de son côté, sait tenir une place telle dans l'organisme national qu'elle n'a pas même l'idée de l'échanger contre un surcroît d'indépendance.

Donc, chez les orthodoxes, point de conflit, portant sur les principes, entre les représentants de Dieu et César. Ils ne se confondent point, mais ils se complètent l'un l'autre ; ils sont pour ainsi dire la face retournée l'un de l'autre. En fait, c'est César qui dispose du droit de mettre la borne entre les deux autorités et qui, au besoin, la déplace.

Pas davantage ou plutôt moins encore de revendication par l'Eglise d'un territoire distinct, destiné à rendre son indépendance à la fois effective et visible. L'Eglise est chez elle, en un certain sens, sur tout le territoire du pays, mais elle n'y est que par la volonté de l'Etat, qui s'en réserve la souveraineté juridique et matérielle à tous égards.

Par conséquent, aux yeux des Orientaux, le *dissidio* entre le Saint-Siège et l'Italie, qui prend son origine dans la chute du Pouvoir temporel, constitue un non-sens ; de même que, pour l'Eglise catholique, l'autocéphalie nationale reste un non-sens d'un autre genre. Les accords politiques du Latran laissent les deux conceptions sur leurs positions respectives. L'Orthodoxie, qui n'a jamais trouvé logiques les revendications temporalistes, ne comprend pas davantage que la cession d'une quarantaine d'hectares par l'Etat italien soit tenue à si haut prix par le Saint-Siège. Mais sa critique va au delà. On ne peut nier que ces accords projettent de nouveaux traits de lumière sur la profondeur des dissidences de constitution organique entre les deux Eglises. Les Orientaux se sont toujours élevés contre la centralisation de l'autorité au profit de l'évêque de Rome, et voici que, dans une circonstance grave, le Pape traite tout seul et même tranche *proprio motu* une question qui intéresse toute la hiérarchie et la société catholique des fidèles. Les Orientaux ont tendance à admettre dans une certaine mesure la participation des laïques aux affaires d'Eglise ; or ici, dans une affaire mixte, où le spirituel et le temporel sont pour ainsi dire emmêlés, le Pape tient à l'écart l'élément laïque considéré dans sa plus haute expression, je veux dire les Etats, catholiques ou non, sauf l'italien, qui ont accrédité auprès de lui des représntants.

Tant qu'a duré le *dissidio*, la situation du Pape, prisonnier volontaire, dépourvu de toute souveraineté territoriale, offrait une certaine analogie avec celle du patriarche de Constantinople en face de la Sublime Porte, du moins dans les temps modernes (1). Le patriarche

---

(1) On sait que dans les temps anciens, les patriarches recevaient des sultans une sorte d'investiture. — « Mahomet II, devenu le maître de Constantinople, se contenta de faire des Grecs une nation subordonnée à la

devait compter, en fait, avec les volontés et même les caprices des sultans. Mais on n'a jamais entendu parler d' « accords du Phanar », en vertu desquels, au prix d'une perte certaine de prestige et d'autorité morale devant la chrétienté d'Orient, il se serait assuré une souveraineté temporelle sur un territoire minuscule. J'imagine que, chez les orthodoxes, on doit un peu se représenter le Souverain Pontife sous les traits imaginaires et rétrospectifs d'un patriarche qui aurait obtenu d'un sultan de bonne composition un quartier de Constantinople, et qui croirait avoir fait merveille pour assurer son indépendance, alors qu'en réalité il l'aurait perdue.

Direz-vous qu'ici le Saint-Siège traite avec une puissance catholique, mieux encore, avec une Italie qui vient de reconnaître dans le catholicisme la religion de l'Etat ? La situation, assurément, est différente ; mais voici bien l'autre danger. Le *Messager d'Athènes*, par la plume de M. Alivisatos, l'expose dans les termes qu'on va lire. Après avoir reproché à l' « Evêque de Rome » de poursuivre l'acquisition d'un pouvoir rejeté par le Seigneur lui-même, lorsqu'il déclarait : « Mon Royaume n'est pas de ce monde », le professeur à l'Université d'Athènes poursuit :

nation ottomane, une nation organisée, encadrée, rattachée à un chef qui en répondrait devant lui. Aussi, en investissant solennellement Gennadios II (1454), il lui avait donné un *bérat*, c'est-à-dire un titre de fonctionnaire officiel. Il l'avait exempté d'impôts, lui et les prêtres du Patriarcat ; enfin, il l'avait établi juge souverain — sous l'autorité du sultan — de tous les fidèles et le représentant de leurs intérêts. » (P. J. E. Euzet : *Les Lettres*, 1ᵉʳ juillet 1929.)

« L'Eglise orthodoxe, qui n'entend pas abandonner son caractère strictement spirituel, regrette qu'une occasion de plus soit perdue de rapprocher les deux mondes chrétiens. Elle s'attriste de ce que la question soit résolue dans l'étroit horizon entre le Vatican et le Quirinal, alors qu'elle aurait dû être tranchée dans les vastes et purs espaces entre l'Orient et l'Occident. Il n'aurait pas fallu demander et obtenir la reconnaissance *ad majorem Dei gloriam* du pouvoir temporel et du caractère temporel du pontife romain. Il aurait fallu les repousser au contraire pour réussir quelque chose de plus important que le rapprochement du Vatican avec le Quirinal — il aurait été obtenu lui aussi — le rapprochement de l'Orient et de l'Occident. Peut-on nier que l'abandon de la temporalité lèverait pour la Papauté la majeure partie des obstacles qu'elle porte en elle-même et qui empêchent l'entente avec l'Orient ? Il ne serait resté que la primauté infaillible du Pape. Et qui sait si elle n'aurait pu, avec le temps, être rectifiée pour redevenir ce qu'elle fut autrefois, une simple primauté honorifique ? Alors le rapprochement, l'union des deux mondes seraient venus d'eux-mêmes.

» Le Vatican et le Pape, libres de toute entrave, s'engagent dans l'effort suprême qui échoue depuis des siècles et qui consiste à amener, non pas l'union, mais la *soumission spirituelle* du reste du monde chrétien. Heureusement, comme dans le passé, l'échec est assuré dans l'avenir. Ainsi le Vatican restera avec ses triomphes temporels et les acclamations du monde pour ses succès diplomatiques, mais il restera, cette fois encore, en dehors de la réalité chrétienne, comme il l'est resté après le concile de Florence, après le concile de Trente et celui du Vatican. »

Dans le courant d'avril, et à l'occasion d'un voyage à Athènes de l'Archevêque de Canterbury, primat de l'Eglise anglicane — démarche sur laquelle nous aurons à revenir — le *Messager* insiste sur ce que « des tentatives sont faites, *par ailleurs*, pour accaparer la personne même du fondateur de la religion chrétienne ». Il y a des réserves à faire sur les appréhensions dont cette critique témoigne. Il est fort douteux que M. Mussolini soit disposé à prêter son concours au Saint-Siège en vue de lui procurer des « soumissions spirituelles ». Ce qui est plus vraisemblable, c'est qu'il entend se ménager les bons offices du Vatican en échange de la reconstitution d'une ombre de Pouvoir temporel. Un traité de paix entre le Saint-Siège et l'Italie porte au delà de la réconciliation pure et simple. Il transpose une situation qui durait depuis cinquante-huit ans et qui, par certains côtés, avait de quoi rassurer les tiers. Quand, par exemple, le Pape faisait des avances aux Eglises autocéphales, elles pouvaient paraître suspectes à la méfiance byzantine ; du moins, sauf cas assez rares, on ne présumait guère qu'elles eussent du rapport avec un intérêt italien. Désormais la présomption peut n'être pas gratuite. — Ceci nous amène au seuil de la question politique, ou plutôt le voici déjà franchi

*
* *

Nulle part peut-être plus qu'en Orient les retours sur l'histoire ne font partie de la controverse ou de l'interprétation politiques. C'est encore plus vrai, dès qu'il est fait appel à des souvenirs qui mettent l'accent sur les différences de carrières et même de psychologies entre peuples établis aux deux extrémités de l'Europe. On peut parler alors, à bon escient, dans la plus large acception du mot, d'un Orient *séparé*. — Les Croisades, par exemple, que le monde latin considère, en général, sous un prisme coloré d'idéalisme pathétique, prennent un tout autre aspect, dès qu'on change de degré de longitude pour en juger. C'est de cette époque que date, du moins à travers les couches populaires, la transmission de je ne sais quelle rancune obscure et anonyme, en tant qu'elle porte contre les « Latins », mais précise, en tant qu'elle vise la Papauté.

De bon compte, en effet, qu'est-ce que les Croisades, dont les Papes ont été l'âme, ont valu à la chrétienté byzantine et slave ? Des pillages, des exactions, des massacres même, conséquence inévitable du passage de bandes insuffisamment disciplinées à travers la péninsule balkanique ; la création de royaumes latins éphémères aux bords du Bosphore, en Grèce, en Syrie ; le sac de Constantinople en 1204. Le tableau, dont on pourrait multiplier les touches, fait en somme ressortir le féodalisme occidental en quête, à la mode de son temps, de ce qu'on appelle aujourd'hui l' « expansion coloniale ». On a fini par convenir, même entre historiens catholiques, que les Croisades avaient singulièrement dévié de leur but initial et sublime : les Orientaux n'en ont guère vu que les déviations. Et quand les Turcs à leur tour font leur entrée à Sainte-Sophie, en 1453, la nouvelle ère historique qui s'ouvre confirme la disjonction entre les deux chrétientés : celle d'Occident tient tête à l'islamisme ; celle d'Orient tombe en servage, et il lui faut attendre quatre siècles les premières lueurs de la libération.

Ces lueurs, ce n'est pas du côté de Rome qu'elle les aperçoit. Le Saint-Siège, dans le cours du xixe siècle, adresse aux Eglises séparées des invitations, d'ailleurs fort intermittentes, à un rapprochement spirituel ; mais sa politique, en ce qui touche le sort des peuples, a toute apparence d'être indifférente à l'évolution de la question d'Orient. Nous voyons l'humanisme, le byronisme, le romantisme, venir au secours de l'insurrection hellénique de 1821, et exercer une sorte de contrainte morale sur la torpeur des gouvernements de Paris et de Londres. Plus tard, la Russie schismatique s'efforce d'arracher peu à peu à la puissance ottomane des lambeaux de terre roumaine, bulgare ou serbe. Sa diplomatie est souvent équivoque ; ses vues ne sont pas toujours celles d'une libératrice ; son effort militaire de 1877 ne reste pourtant pas sans résultat. L'histoire ne peut lui refuser d'avoir assumé le rôle principal dans les premiers actes du drame de l'émancipation balkanique. Ce sont les Balkaniens eux-mêmes qui, en 1912, se sont chargés d'écrire la scène finale.

Ainsi la Papauté est absente du mouvement libérateur, tandis que la fidélité aux traditions religieuses orthodoxes le prépare. Est-elle même absente au point de n'encourir que le reproche de neutralité ? Ici, nous entrons dans l'histoire moderne, dont la philosophie est à la portée,

non plus seulement d'une élite, mais de toutes
les classes sociales un peu instruites, de l'opinion publique, en somme. Plaçons-nous par la
pensée à l'époque du Congrès de Berlin et sui-
vons le cours des événements jusqu'à la grande
guerre. On ne peut faire honneur à aucune
puissance occidentale d'une politique vraiment
humanitaire et surtout continue, tendant à procurer l'émancipation du Balkan chrétien : toutes
croyaient avoir assez fait en réclamant à la Porte
des réformes illusoires. Mais on en peut désigner
une plus particulièrement appliquée, depuis
1878, à paralyser tout essor de l'esprit national
dans la péninsule, à quoi elle était incitée par
toutes sortes de raisons, même de politique
intérieure. Cette puissance, l'Autriche-Hongrie, était justement celle à qui le protectorat
catholique avait été dévolu, dans la même
région.

Le Saint-Siège ne se compromet pas toujours en compagnie du *Ballplatz*. Il passe
même outre à ses représentations pour conclure des Concordats successivement avec le
Monténégro et avec le Royaume de Serbie.
Mais il n'empêche pas, et, de fait, il ne peut
guère empécher les chefs des missions catholiques, en Bosnie, en Albanie et en Macédoine,
de conformer leur attitude à la générosité des
subsides qu'ils reçoivent du consul impérial et royal. En Roumanie, le haut clergé
catholique est de tendances, quelquefois même
de nationalité, allemandes. En Bulgarie, la
politique du Vatican reste attentive à une sorte
de versatilité confessionnelle qui n'est sûrement qu'apparente, mais qui, à certaines

heures, autorise l'espoir d'un revirement en faveur du catholicisme. Il est difficile de préciser l'étendue et les effets de la collaboration que, par la force des choses, cette politique a prêtée à l'Autriche et à son alliée, l'Allemagne. Ce qui est sûr, c'est qu'à Rome comme à Vienne on était non seulement sceptique, mais, en tant que de besoin, hostile aux sentiments profonds d'où est issu le principe des nationalités, et qui mûrissaient obscurément au sein de chaque peuple balkanique, avant même que ce principe fût enseigné dans les chaires de droit international.

La période de la guerre nous en apporte de nouvelles preuves. La diplomatie de la Secrétairerie d'État au Vatican suit la pente de ses préférences et des pronostics favorables aux Empires centraux dont on faisait alors à peine mystère dans les milieux romains. Ce n'est pas là qu'on eût pris au sérieux un interlocuteur qui aurait fait une allusion bienveillante à l'unité yougoslave, ou à la grande Roumanie. Mais c'est là qu'on pousse, en 1917, sitôt connue la chute de la monarchie des Romanow, un soupir qui est, non de compassion, mais de soulagement. Enfin la voici frappée au cœur, cette Orthodoxie qui se posait en rivale du catholicisme en Orient ! L'ombre du Saint-Synode russe ne couvrira plus toutes ces communautés chrétiennes qui s'opiniâtrent dans le schisme, de même qu'elles n'auront plus à compter sur la protection politique et les largesses du gouvernement impérial. Voici venir une « autre » Russie : tout le reste s'en ressentira. Et donc, on commence à faire une certaine confiance au « libéralisme » de M. Kerensky, qui promet une législation bienveillante des cultes et beaucoup d'autres choses. J'ai sous les yeux une copie de documents qui circulaient alors au Vatican, en forme de propositions préliminaires à la conclusion d'un Concordat russe.

Même au lendemain de la prise de possession du pouvoir par les bolchevistes, le Vatican continue à faire crédit à une Russie qui a l'air de s'évader de la gangue orthodoxe. C'est probablement en hommage à son avenir qu'on maintient à leur place dans l'*Annuario pontificio*, jusqu'en 1921, les noms de M. Lyssakovsky, accrédité par le gouvernement provisoire, et de MM. de Bock et de Leslie, qui faisaient partie du personnel de l'ancienne légation impériale. Par contre, l'avenir de la Serbie, qui lutte aux côtés des Alliés, est considéré comme tout à fait précaire. C'est la raison qu'on donne ou qu'on laisse entendre à M. Gavrilovich, envoyé en mission à Rome par le gouvernement serbe, pour refuser de le connaître officiellement.

Sachons reconnaître que le Saint-Siège était parfaitement dans son droit, quand il aiguillait sa politique du côté d'une paix « blanche » ou même d'une paix à laquelle les Empires centraux eussent trouvé leur compte. Faisons même crédit aux arguments qu'il avait à produire en faveur de cette attitude, dès lors qu'il se plaçait exclusivement sur le terrain des intérêts catholiques. — Tout de même, elle finit par paraître imposante, cette série d'événements qui commence en plein Moyen Age, et qui se

poursuit jusqu'à nos jours, sans presque laisser
de place, chez les Balkaniques, à des souvenirs
qui sollicitent leur gratitude à l'égard du Saint-
Siège, tandis qu'il en reste pour certains souvenirs amers. On dirait qu'une sorte de fatalité a pesé jusqu'à présent sur les rapports, je
ne dis pas même entre les deux Eglises, mais
entre la carrière historique de la Papauté et
celle des nations orthodoxes. Et quand, nous
plaçant, cette fois, devant l'événement du jour,
la signature des accords du Latran, nous nous
demandons si ce fait nouveau doit contribuer
à éclaircir ce qu'il est permis d'appeler l'atmosphère préalable, il nous semble plutôt difficile
de nier que la fatalité continue.

*
* *

Cette fois c'est l'Italie à qui l'on fait la réputation de succéder à l'Autriche dans les sentiments privilégiés du Vatican. Nous nous
sommes expliqué plus haut sur sa politique
générale.

Bornons-nous à rappeler quelques éphémérides de sa politique orientale, celle-là tout
justement qui tient en éveil le monde orthodoxe. Le sous-secrétaire d'Etat Grandi a fait,
en 1929, une visite à Mustapha-Khémal et les
toasts d'Angora ont été portés à une tempéra-
ture qui autorise les pronostics les plus favorables en faveur des rapports italo-turcs. Mais,
il n'y a pas si longtemps, l'Italie prêtait à la
diplomatie britannique le concours d'une pression sur la Turquie qui ne fut point étrangère au règlement du différend de Mossoul.

M. Venizelos est allé à Rome pour l'échange des signatures d'un traité d'amitié ; mais auparavant la Grèce avait reçu en plein visage le coup de poing de Corfou, pendant que la Société des Nations gardait une attitude pudique derrière son éventail. Il a fallu la menace d'une sorte de révolution intérieure en Roumanie pour liquider le régime du général Averesco, par qui l'influence italienne s'exerçait à Bucarest dans un sens naturellement hostile à la Petite Entente. Quand la France et l'Angleterre font des démarches concertées pour atténuer l'aigreur des dissentiments entre Yougoslaves et Bulgares, le cabinet de Rome se tient à l'écart : il a des raisons, qui ne sont un secret pour personne, de ménager la Bulgarie. Le pacte de Tirana, l'emprise sur l'Albanie peuvent passer, si l'on veut, pour manifestations de la vitalité italienne, pour des résurgences de l'esprit colonisateur de Venise. Ils annoncent tout de même, à l'égard de la Yougoslavie, des intentions qui rendent la paix adriatique assez précaire et qui déforment singulièrement l'esprit du traité d'amitié conclu avec ce pays en 1924.

Les accords du Latran vont-ils mettre de nouvelles cartes dans ce jeu compliqué, qui donne l'impression de continuelles avances à une fortune plus favorable aux intérêts de l'Italie qu'à ceux de la paix ? On n'en peut encore rien savoir. Il est loisible de présumer que le Vatican est assez sage pour éviter les actes formels qui feraient croire à une connivence avec les ambitions extérieures ou les intrigues du Fascisme. Mais il peut être com-

promis presque à son insu. Il risque de n'être
pas toujours cru sur parole, s'il répudie certaines solidarités, quand il est notoire, par
exemple, que l'âme de l'Association italienne
Pro Oriente est un religieux, Dom Francesco
Galloni, grand voyageur, disert conférencier,
connu dans toute la péninsule balkanique
comme propagandiste et apologiste de la culture italienne.

Les Grecs ne se laisseront pas aisément convaincre que la politique italienne, dans la Médi-
terranée orientale et dans le Levant se fera
scrupule d'utiliser les forces morales de l'établissement catholique, alors surtout que, depuis le
11 février, le clergé s'attend à ne plus déplaire,
peut-être même à plaire au Vatican, par une
attitude complaisante envers l'autre Pouvoir
réconcilié. En avril 1929 les souverains italiens
ont fait une visite officielle au Dodécanèse. Le
gouverneur général de ces îles a saisi l'occasion
de publier un manifeste dans lequel il exalte « les
traditions et les gloires *latines* de l'Orient ». Il
n'en faut pas davantage pour que la presse
athénienne oppose à ces gloires la « tradition
hellénique ». Elle dit d'abord son fait à toute
la chrétienté occidentale, puisqu'à son avis
« les chevaliers de Jérusalem, les aventuriers
Francs, qui saccageaient les pays d'Orient
pendant les sombres siècles du Moyen Age,
étaient pour les îles et les côtes de l'Egée des
calamités, heureusement transitoires » (*Proïa*,
20 mai). Mais elle réserve une pointe à l'Italie
en particulier, dont la présence au Dodécanèse,
on le sait de reste, devrait, selon le vœu des

Grecs, être transitoire aussi. En tous cas, ce ne sont pas les anciens exploits italiens, disent-ils, qui la justifient : « A Rhodes, par exemple, où se refugièrent les Chevaliers de Saint-Jean de Jérusalem, avec l'aide des habitants grecs, aucun de leurs Grands Maîtres ne fut italien, alors que plusieurs ont été des Français et des Espagnols. Pourtant la France et l'Espagne n'ont jamais songé à étayer sur ce fait des prétentions ou des visées » (*Politia*, 21 mai). Voici donc des souvenirs, dont l'empire est toujours très puissant sur l'esprit hellénique, à la rescousse de ressentiments actuels, — souvenirs dans lesquels sont fatalement confondus la religion catholique qui a inspiré les Croisades et la politique italienne qui légitime ses ambitions par une tradition latine.

Voici maintenant que la même politique pousse le métropolite de Rhodes à réclamer l'autocéphalie de l'Eglise du Dodécanèse, contrairement au vœu de la population et sans doute aussi à l'intérêt général de l'Orthodoxie, qui ne se sent déjà que trop morcelée. Les mêmes journaux dénoncent ouvertement, pour le coup, une sorte de conspiration contre l'hellénisme, religion et nation, et ils en désignent les fauteurs :

« L'octroi de l'autocéphalie à l'Eglise du Dodécanèse serait suivie de la latinisation et de l'italianisation des îles, au moyen de la propagande exercée par les prêtres catholiques, les religieuses catholiques et le gouvernement italien ; au moyen d'écoles italiennes du jour et du soir déjà ouvertes ; au moyen de la construction de

riches églises catholiques et de la nomination
d'un prélat catholique à Rome pour renforcer le
prosélytisme » (1).

Ces inquiétudes sont sans doute exagérées,
et non sans dessein. Mais il faut convenir que
l' « autocéphalie » fait bien un peu l'effet d'une
nouvelle carte dans le jeu fasciste, puisque
nous venons de voir l'Eglise orthodoxe d'Albanie se proclamer autonome, au scandale des
Eglises-sœurs, qui la désavouent. Autre sujet
de protestation pour la presse hellénique. Elle
affirme — et elle a sans doute raison — que
cette prétendue réforme religieuse n'a pas
d'autre objet que d'assurer plus fortement la
mainmise italienne sur le royaume albanais,
qui englobe la nombreuse population grecque
de l'Epire du Nord.

L'écho des accords du Latran a été plus faible
en Yougoslavie, où toutefois l'on s'attend à un
resserrement de collaboration entre le clergé et
les autorités civiles dans les régions catholiques
(Carniole et Istrie), à base de population croate
ou slovène, annexées à l'Italie par le traité de
Saint-Germain. Il existe, dans ces régions, quelque cinq cent mille sujets italiens malgré eux,
auxquels on s'efforce d'appliquer les méthodes
les plus modernes de « dénationalisation ».

____

(1) Tout récemment les pourparlers engagés au sujet
de cette affaire, entre le Patriarcat œcuménique et le
gouvernement italien, ont été rompus. Le régime actuel
restera donc en vigueur, à moins que ce gouvernement ne
prenne sur lui de l'abolir par décision unilatérale.

Cette entreprise s'appuie déjà, et fort naturellement sur l'école ; ne va-t-elle pas trouver un
concours plus empressé dans les presbytères?
D'après une publication toute récente, dont il
sera question au chapitre suivant, il paraît que
l'article 39 du projet initial d'accord, présenté
par le Saint-Siège au gouvernement italien,
prévoyait que, dans les provinces annexées,
l'enseignement religieux serait donné dans la
langue maternelle des enfants. Pour le moment,
en effet, ils n'en connaissent guère d'autre. Le
silence à cet égard du texte définitif du Concordat prouve que le Saint-Siège n'a pas cru
devoir insister sur cette disposition tutélaire,
en contradiction, d'ailleurs, avec la guerre
acharnée que le Fascisme fait au bi-linguisme.

En tous cas, nous ne voyons guère progresser,
depuis quelques mois, les négociations, entamées d'ailleurs depuis sept ans, en vue d'un
Concordat entre le Saint-Siège et l'Etat Yougoslave, et qui mettent à une épreuve singu-
lière la patience, la prudence et le tact du nonce
actuel à Belgrade, Mgr Pellegrinetti. Si la
conclusion de ce Concordat est surtout une
question d' « atmosphère », il n'y a guère
apparence que la réconciliation du Vatican
avec le Quirinal dissipe les ombres qui ont été
cause de son ajournement.

En Roumanie, au contraire, un Concordat
est signé depuis l'avènement du ministère
Maniu. Mais il laisse, au sein de l'Eglise
roumaine orthodoxe, ou du moins d'un groupe
de ses hauts dignitaires, comme un sillage
de préventions contre l'Eglise de Rome. A
certains moments, la résistance de ces milieux

a été passionnée, injuste même. Encore ici la raison politique et la susceptibilité confessionnelle se tiennent, pour ainsi dire, enlacées. On sait que, depuis l'annexion de la Transylvanie, le royaume de Roumanie compte environ deux millions et demi de catholiques romains, dont environ 1.250.000 Uniates, et que, parmi les griefs des Transylvains, figure précisément la désinvolture avec laquelle l'ancien gouvernement libéral a traité leurs intérêts religieux (1). Sur quoi, nous voyons l'assemblée générale des orthodoxes, tenue à Bucarest le 23 avril 1927, protester contre le Concordat, alors seulement en projet, dans les termes suivants : « Nous ne voulons point que le Pape se mêle de nos affaires, ni qu'il organise ses fidèles en parti qui groupe toutes les minorités de notre État ». Quelques années avant, à l'appui des raisons qui ont décidé de la création d'un Patriarcat roumain, un organe très autorisé, l'*Universul*, avait singulièrement élargi le champ de la controverse politico-religieuse en précisant :

« Le Vatican profite de la Révolution russe pour réaliser un plan grandiose de conquête du monde slave. Benoît XV avait commencé ; Pie XI continue. On veut supprimer le « schisme oriental », réunir de nouveau les deux Eglises. Le régime soviétique favorise cette propagande par la destruction de l'Eglise russe. Cette politique du Vatican ne peut nous laisser indifférents. Voilà pourquoi la création d'un patriarcat roumain présente une telle importance politique. »

(1) V. sur ce sujet un excellent article de M. Pierre Delattre, paru dans le *Correspondant* du 10 mai 1929. Nous lui avons emprunté quelques citations.

On peut même dire que, dans la pensée des chefs de l'Orthodoxie « roumanisante » cette importance n'est pas strictement à la mesure de l'intérêt national. M. Pierre Delattre, déjà cité, dénonce ici des visées tout à fait ambitieuses.

« La Russie tsariste disparue, la Roumanie estime hériter de sa mission religieuse ; à Constantinople et à Moscou succède Bucarest ; à la Roumanie revient maintenant l'honneur de prendre la tête de la chrétienté orientale. Les hommes d'Etat, indifférents à l'égard de toutes les religions, fléchiraient-ils, l'Eglise orthodoxe ne renoncerait ni à ses privilèges, ni à ses prétentions : elle aura pour l'appuyer le monde des intellectuels et des politiciens. Pour la Grande Roumanie comme pour la Grande Russie d'hier, le schisme est une arme politique mondiale ; il lui attribue une mission, il lui crée des droits, il lui ouvre des perspectives. »

Toutes réserves faites sur le caractère chimérique de ces espoirs   qui ne trouveront certes pas d'encouragements à Athènes — on sent combien une partie encore fort influente de l'opinion roumaine est prédisposée à prendre ombrage de tout ce qui lui semblera l'effet d'un compromis entre les intérêts catholiques et ceux qui relèvent de la politique, intérieure ou extérieure. La diplomatie italienne s'est montrée jusqu'ici trop active à Bucarest pour échapper au soupçon de « valoriser » le crédit que lui donne au Saint-Siège la réconciliation intervenue.

On ne doit pas donc se faire, à la Cour romaine, l'illusion que les accords du 11 février seront exempts de conséquences par rapport à une cause qui lui est pourtant bien chère, celle d'un rapprochement avec les chrétientés orthodoxes, prélude d'un rassemblement du troupeau sous un même pasteur. Les apologistes nous ont beaucoup dit, en ces derniers temps, que la création d'une Cité du Vatican aurait pour effet de rendre visible l'indépendance spirituelle du Saint-Siège et que c'était le plus considérable de ses avantages. Mais il n'est pas facile de circonscrire les effets d'une visibilité, et l'on a pu s'apercevoir, par la citation que nous faisions tout à l'heure d'une opinion autorisée grecque, qu'ils varient singulièrement avec la position du spectateur.

Jadis, chez Strossmayer, l'illustre patriote croate, « au temps des soirées de Djakovo », le sujet du rapprochement des Eglises avait souvent les honneurs de la conversation, surtout quand Vladimir Soloviev était l'hôte du grand évêque. Il faut croire que le pressentiment politique peut être refusé aux esprits de tout premier ordre, puisque je n'ai jamais entendu ni l'un ni l'autre envisager même l'hypothèse d'un traité entre le Saint-Siège et l'Italie, sur les bases qui viennent de paraître acceptables aux deux pouvoirs. Strossmayer était un « temporaliste » convaincu (1), autant qu'une âme éprise de l'unité spirituelle de la famille chrétienne. Mais, de plus, il était fermement d'avis, lui, l'éminent

(1) Le Congrès eucharistique de Zagreb, dont il fut le principal orateur en 1900, clôtura ses travaux par une motion chaleureuse en faveur du rétablissement du Pouvoir temporel, tel, cela va de soi, que les catholiques l'entendaient et que le Saint-Siège se plaisait à le laisser entendre alors.

théologien, qu'il ne fallait pas compter beaucoup sur la vertu persuasive de la dogmatique. A la base de toute politique de rapprochement se place, disait-il, la compréhension de l'âme slave ou grecque, en tout ce que le mysticisme de cette âme emprunte au sentiment national, et en tout ce que ce sentiment recèle d'ataviques susceptibilités. Il remontait, un peu à la façon de ses « frères d'Orient », le cours de l'histoire qui vient d'être rappelée à grands traits. J'imagine qu'un pacte qui implique, quoi qu'on dise, un reflux vers le vieil esprit latin et une avance aux intérêts italiens, lui eût paru le contre-pied de cette politique, si surtout il eût vécu à l'époque du Fascisme.

Le Saint-Siège a eu beau, surtout depuis le pontificat de Léon XIII, multiplier les avances aux Eglises séparées ; fonder, en 1917, la Congrégation *pro Ecclesia orientali* et l'Institut (à la fois Université, séminaire et Académie) que dirige, avec une incontestable autorité, Mgr Michel d'Herbigny ; encourager les Congrès de Velehrad, centres d'études internationales pour l'union des Eglises, et la Société anglaise de Saint-Jean Chrysostome, patronnée par le cardinal Bourne, enfin fonder le *Russicum* — tout cela sert sans doute d'attestation à la vitalité d'une idée, sans pourtant accroître la force de pénétration de cette idée dans les milieux qu'on s'efforce d'amener à soi. Si ce n'est travailler dans l'abstrait, c'est du moins laisser à l'écart le côté le plus concret de la question — toujours le même — qui consiste à épargner aux peuples de rite orthodoxe les appréhensions qui procèdent du sentiment national.

Tout ce que nous venons de faire ressortir du côté politique des accords du Latran porte, à plus forte raison, sur le côté religieux. Si les orthodoxes se défient de la Latinité italienne en tant qu'elle se présente comme une des faces, tournée vers l'Orient, du Janus fasciste, la Latinité confessionnelle, celle qui vise à ramener les Eglises séparées sous la houlette de l'Evêque de Rome, leur est encore plus suspecte. L'Union des Eglises procède d'une grande pensée, devant laquelle l'histoire et la psychologie des peuples dressent de grands obstacles. Il est difficile de concevoir que la paix signée entre le Vatican et le Quirinal lui en épargnent un nouveau. D'autant que, sur le plan des idées abstraites, le Pontificat actuel a laissé émerger, en ce qui concerne les rapports de l'Eglise avec l'Etat, des réminiscences qui, déjà fort discutées en Occident, heurtent au point le plus sensible les conceptions de l'Orient. En France surtout, une polémique qui dure depuis plusieurs années et à laquelle ont pris part une foule de théologiens, d'évêques, de laïques même, a posé tout simplement la question de savoir s'il reste des droits autonomes au pouvoir civil. A force d'insister sur les matières mixtes, le *pouvoir indirect*, la primauté du Spirituel, cette école a fini par donner l'impression que le Pape se réserve — au moins théoriquement — d'être l'arbitre de toutes les affaires humaines, que rien n'échappe, même les intérêts nationaux, à sa compétence ou à son obédience (1).

(1) V. Chapitre IV, p. 124.

Nous ne voulons pas croire que cette campagne constitue la préface de la reprise annoncée (non, il est vrai, encore confirmée) du Concile du Vatican. Pie IX avait adressé l'invitation de prendre part à ce Concile, en 1869, *omnibus protestantibus aliisque catholicis*. Si Pie XI y convie, au cours des années prochaines, les représentants des Eglises orthodoxes, et si la presse catholique continue à faire ressortir sous ce jour la primauté du Spirituel, on peut s'attendre à des absences motivées ou à des présences qui ne seront pas une garantie de sérénité pour les futurs débats.

Quant à l'accueil réservé, chez les Soviets, aux accords du Latran, il est ce qu'on pouvait attendre d'une presse dont l'athéisme se manifeste de plus en plus fanatique, et dont la faculté de discernement est toujours obnubilée par le spectre d'une contre-révolution. On nous représente ces accords comme l'effet d'un pacte entre la religion et la dictature « capitaliste » ; on fait du Pape « un grand chef du Fascisme » ; on dénonce le nouveau séminaire romain *Russicum* comme un « repaire d'officiers blancs ». C'est à une conférence récente du R. P. d'Herbigny, mieux qualifié que personne pour nous entretenir des affaires religieuses en Russie, que nous empruntons ces citations. De telles élucubrations mériteraient à peine d'être mentionnées, si elles n'étaient un indice de combien la mauvaise foi peut enchérir sur la bonne, dès qu'on se place au point de vue de l'Orient pour apprécier la réconciliation du Saint-Siège avec l'Italie fasciste.

*
* *

« Décidément, chaque nouvel événement resserre les liens qui se sont formés entre l'Orient et l'Occident protestant et sépare davantage l'Eglise orthodoxe de l'Eglise romaine ». Ainsi s'exprimait, en mars dernier, un des rédacteurs du *Journal de Genève*, et l'on voit assez qu'il fait confiance aux accords du Latran pour servir les intérêts d'un « rapprochement » rival.

Le lecteur n'ignore pas que, depuis presque un siècle (pour ne pas remonter plus haut) (1), des dignitaires et des savants de l'Eglise anglicane sont à la recherche de contacts avec leurs confrères orthodoxes, contacts qui, au surplus, ne sont peut-être pas sans rapport avec des arrière-pensées politiques. Dès 1840, le théologien William Palmer inaugurait en Russie une sorte d'enquête religieuse, suivie plus tard de colloques entre son compatriote W. J. Birbeck et le célèbre procureur-général du Saint-Synode, Pobédonoscev. L'Eglise d'Angleterre se fit représenter par le *bishop* Creigton au couronnement de Nicolas II, et celle de Russie par Mgr Antoine au jubilé de la reine Victoria. Les négociations continuèrent par l'entremise de l'*Eastern Church Association*, et l'on peut conjecturer qu'elles ne déplaisaient pas à Gladstone, qui tint des propos si virulents contre l'infaillibilité papale.

La chute du régime tsariste n'a pas mis fin,

---

(1) Je trouve, dans un article déjà cité du P. Enzet, mention d'avances faites, en 1575, au patriarche Jérémie II, par des théologiens luthériens de Tubingue, qui avaient choisi comme intermédiaire un certain prédicateur du nom de Gerlach. On ne put d'ailleurs s'entendre, ni sur les sacrements, ni sur le culte des saints.

loin de là, aux avances de l'Eglise anglicane. Seulement elle semble avoir abandonné aux initiatives catholiques l'ingrat terrain russe pour se porter du côté de la Grèce, de la Yougoslavie et des communautés chrétiennes d'Asie mineure. Les orthodoxes se sont prêtés volontiers aux colloques qui témoignaient du désir d'union. Le Phanar s'est fait représenter à la Conférence de Lambeth de 1920, et des évêques du rite grec ont pris part à celles de Stokholm et de Lausanne.

Il est de fait que la conception d'une Eglise autocéphale, présidant à la carrière historique de la nation, étroitement associée à l'activité de l'Etat, est commune à l'anglicanisme et à l'Orthodoxie. C'est assurément un motif de compréhension mutuelle. Mais c'en est un aussi de contradictions engendrées par les contingences de la politique, sans même parler de celles qui tiennent du caractère doctrinal, rituel ou disciplinaire. Depuis le démembrement de l'Autriche-Hongrie, nous avons assisté à une sorte de regroupement, autour d'un patriarche national, des Eglises orthodoxes émiettées sur le territoire de cet Empire, et qui jouissaient d'une autonomie à peu près complète. L'unification de l'Eglise serbe a été réalisée sans peine. Mais déjà celle qui a été effectuée en Roumanie par la loi du 7 avril 1928 a donné lieu à quelques difficultés. L'ancienne Eglise orthodoxe transylvaine trouve qu'elle n'a pas gagné au change.

A plus forte raison, les « rapprochements » entre Eglises balkaniques se réduisent-ils, la plupart du temps, à de vagues manifestations de confraternité religieuse qui n'engagent personne. Tel fut le cas du Congrès pan-orthodoxe de Constantinople de 1923, aggravé du fait que le Patriarcat, loin d'oublier ses rancunes contre l'Exarchat bulgare, refusa de « concélébrer » avec le métropolite de Vidin. En 1926, c'est l' « Union sacerdotale » bulgare qui prend à son tour l'initiative d'une sorte d'entente religieuse. Ses représentants trouvent bon accueil en Roumanie et en Grèce, mais les Serbes répondent en publiant la liste et le portrait des 168 prêtres de leur Eglise massacrés, pendant la guerre, par les Bulgares et les Allemands. Je sais bien que, par la suite, Mgr Dosithée, évêque de Nisch, a reçu grand accueil à Sofia, où il apportait les offrandes de la Croix rouge serbe, en faveur des victimes d'un tremblement de terre. Mais ce sont là des épisodes dont le souvenir est promptement effacé, dès que de nouveaux incidents de frontière surgissent entre les deux pays. Nous commençons à nous apercevoir que ceux-ci sont assez endémiques pour décourager ceux qui rêvent d'une confraternité durable entre les deux Eglises.

Ce sont là des précédents qui ne laissent guère présager de résultats pratiques à des essais de conciliation étendue jusqu'à l'anglicanisme inclusivement. On a fait grand bruit autour de la thèse de l' « inter-communion » — je veux dire de la faculté laissée aux fidèles anglicans et orthodoxes de recevoir la communion, à leur choix, selon l'un ou l'autre rite. Cette thèse a même été illustrée par l'exemple personnel de M. Prince, ministre des Etats-Unis, qui s'est acquitté du devoir pascal en 1928, dans la cathédrale orthodoxe de Belgrade. Mais il a trouvé peu d'imitateurs, et l'on cite Mgr Germanos parmi les membres de l'épiscopat hellénique qui souhaitent qu'il n'y en ait pas.

Depuis les accords du Latran, l'archevêque de Canterbury, primat de l'Eglise anglicane, a fait une visite à Athènes, où sa présence a fourni l'occasion d'une manifestation en faveur de l'union des Eglises chrétiennes (1). Accueilli avec les plus grands honneurs par les autorités religieuses et civiles, hôte du ministre d'Angleterre, il a été salué, au nom du patriarche œcuménique de Constantinople, Basile III, par le métropolite de Trébizonde : « Votre visite, a souligné ce prélat, est un heureux événement pour l'Orient orthodoxe. Il la considère comme un gage de rapprochement plus étroit avec l'Eglise anglicane ». Mais ce ne sont guère là que des phrases de circonstance, encore qu'elles expriment des sentiments sincères.

Tout compte fait, si les accords entre le Vatican et l'Italie sont une source de difficultés de plus pour les partisans — dont certains méritent le nom d'apôtres — d'un rapprochement de l'Orient séparé avec le Siège romain, il est infiniment douteux qu'ils procurent de nouvelles chances

(1) D'après la presse tant grecque que britannique de cette époque (avril 1929), l'archevêque devait se rendre d'Athènes à Jérusalem, pour y prendre contact avec des prélats orthodoxes et arméniens. Ce voyage aurait été contremandé, sur une démarche du Saint-Siège auprès du Cabinet de Londres, sous prétexte que la présence du Primat aux offices de la Semaine Sainte aurait porté atteinte au *status quo* établi pour les Lieux saints. Nous nous bornons à indiquer la source de cette information, que nous ne prenons pas à notre compte.

de succès aux tentatives d'union entre orthodoxes et anglicans. L'Eglise catholique, forte
de sa hiérarchie, de sa discipline, de l'unité
de sa doctrine surtout, peut perdre quelque
chose de sa puissance de rayonnement spirituel
sans que ses adversaires y gagnent.

Elle restera ce qu'elle est et elle attendra.

CHAPITRE VII

LES MOTIFS ITALIENS DES ACCORDS DU LATRAN AU PRÉJUDICE DE LA SOLUTION INTERNATIONALE

Devant l'histoire les accords du Latran font l'effet d'être en pleine contradiction avec la logique objective, et en pleine harmonie avec la logique des faits.

La doctrine répandue dans le monde entier, de 1870 à 1929, était que le Saint-Siège, en refusant tous rapports officiels avec le gouvernement italien, prenait le seul parti apte à sauvegarder son indépendance et à la rendre manifeste. Elle était aussi qu'en adoptant cette attitude, il tenait compte des légitimes intérêts des gouvernements et des peuples étrangers, en leur donnant une sorte de gage commun de son impartialité. On était porté à en conclure que, si jamais les circonstances permettaient à la question romaine de passer de l'état de *dissidio* à la formule d'un règlement, l'acte juridique solennel destiné à la trancher devait être marqué du sceau international.

Il en a été autrement.

Par conséquent la doctrine traditionnelle a subi une double transformation. Jadis l'indépendance du Pape était défendue par une cloison ; aujourd'hui c'est par un traité. Jadis, les gouvernements et les peuples avaient quelque chose à voir, et peut-être à dire, dans le règlement du Statut temporel de la Papauté ; aujourd'hui on pose en principe que ce règlement ressortit à la compétence exclusive du Saint-Siège et de l'Italie.

Pour expliquer que cette transformation ait été si radicale et, en quelque manière, si brusque, il faut maintenant donner la parole à la logique des faits.

Tout d'abord on doit convenir que le principe du *dissidio*, admis sans difficulté par l'univers catholique, posait, dès l'origine, à l'égard de l'Italie, une série de problèmes qu'elle ne pouvait pas considérer d'un œil aussi détaché. L'énoncé même n'en a jamais été fait, en France du moins, d'une façon claire, fût-ce à l'occasion de la signature des accords du Latran. La presse préposée à l'information et à la culture du public catholique s'est tellement empressée d'applaudir à ces accords, sur des raisons médiocres ou clichées, qu'elle a oublié les bonnes.

Nous n'avons, en effet, trouvé nulle part, dans les périodiques français inspirés par l'autorité religieuse, des arguments devenus des lieux communs en Italie, et qui gagneront peut-être à être rassemblés, sous une forme interrogative.

Etait-il admissible qu'un conflit qui a pour cause profonde l'unité italienne fût insoluble et perpétuel, comme si cette unité était radicalement incompatible avec les suprêmes intérêts du Saint-Siège ; comme si la Providence avait décrété que ces deux ordres de faits s'excluent l'un l'autre ?

Qu'ainsi la nation qui fournit à l'univers catholique, de tradition à peu près constante, ses Papes et presque tout le personnel du gouvernement central de l'Eglise, fût aussi la seule qui ne pût conclure avec le Saint-Siège ni traité de paix, ni Concordat ?

Que, de la sorte, un privilège qui remonte à l'origine du christianisme, et qui reste glorieux devant l'histoire, se retournât contre le peuple italien, autant du moins que ce peuple ne se serait pas résigné à un nouveau morcellement, pour faire place à une reconstitution des Etats pontificaux ?

Alors surtout que tous les hommes de bon sens, à commencer par les dignitaires du Vatican et par les membres du Sacré Collège, avaient cessé depuis longtemps — sans le dire — de croire à cette reconstitution, laissant à de nombreuses ingénuités françaises, belges, polonaises, irlandaises ou tyroliennes, licence de s'attarder à l'opinion contraire ?

Que les deux Pouvoirs établis à Rome, acculés par des principes à l'obligation de se traiter en inconnus ou même en ennemis, fussent indéfiniment réduits à des contacts inévitables autant qu'occultes, au détriment de leur dignité respective et l'ordre normal des choses ?

Qu'au surplus la conscience religieuse des Italiens fût perpétuellement tiraillée entre les sentiments impérieux du patriotisme et la crainte de manquer au devoir de respect et de soumission à l'égard du Saint-Siège ? (1)

C'est là un faisceau de considérations très fortes en faveur, je ne dis pas des accords du Latran tels qu'ils sont, mais d'un accommodement qui devait intervenir tôt ou tard. Il mérite d'être mis en balance avec les inconvénients et les lacunes que nous ne nous sommes pas fait faute de signaler.

C'est, pour ainsi dire, l'obsession du problème posé en 1870 qui, d'une part, a constamment soutenu en Italie l'intérêt de la question romaine ; qui, de l'autre, a déterminé les Papes à se relâcher peu à peu des rigueurs du *dissidio*. Pie X suspend le *Non expedit* ; Benoît XV lève l'interdit sur les visites officielles des souverains catholiques à Rome et il autorise la formation du *Parti populaire* ; Pie XI prend contact avec la foule, et, pour ainsi dire, avec le Royaume, du haut de la *loggia* de la Basilique de Saint-Pierre. Tous ferment les yeux sur les innombrables contraventions au principe que l'Eglise d'Italie doit se restreindre à l'indispensable dans ses rapports avec les autorités de l'Etat Et puis, tantôt la situation intérieure en 1913, tantôt le fait brutal de la guerre, à partir de 1915, exigent qu'on passe outre aux frontières théoriques, et le Vatican, nous

(1) Nous donnons ce dernier argument parce qu'il est pour ainsi dire classique. En fait, la période pendant laquelle les catholiques italiens ont subi un douloureux partage entre leurs sentiments religieux et leurs sentiments patriotiques a pris fin sous le règne de Pie X. Depuis cette époque, l'épreuve était plutôt pour l'esprit que pour le cœur.

l'avons vu, finit par en donner l'exemple. A la longue se forme ainsi une ambiance, à laquelle lui-même n'échappe pas, et qui, si elle ne rend ni absolument nécessaire, ni urgente, la fin du conflit, familiarise l'une et l'autre partie avec la perspective d'un dénouement. Un dicton assez commun veut que « l'opinion marie ». Elle ne fait pas toujours des mariages heureux, et c'est peut-être ici le cas. Mais elle suffit quelquefois à pousser les gens vers le contrat, et, quand elle réussit, elle est toute fière d'avoir accompli son rôle.

Le rôle de l'Eglise d'Italie a dû être aussi très important dans la préparation de l'événement du 11 février 1929 et peut-être dans l'évolution finale. Le bas clergé italien, surtout dans les provinces du Nord, a toujours été patriote.

Les nouvelles générations ecclésiastiques, sans excepter ceux de leurs membres qui parvinrent à la Curie, ne pouvaient manquer de se ressentir de la nouvelle psychologie déterminée par l'unification nationale. La guerre de 1914, qui a commencé par une épreuve à laquelle beaucoup d'Italiens n'étaient pas préparés, a eu pour épilogue un notable accroissement de l'étendue territoriale et du prestige de leur pays. En même temps que ce succès ravivait la foi de la nation dans son avenir, et sans doute aussi son orgueil, il faisait ressortir d'autant plus l'anachronisme et les côtés blessants d'un *dissidio* dont le clergé était plus exposé que quiconque à subir les conséquences pratiques. Enfin, dans un pays très attaché aux symboles extérieurs, il fallait s'attendre à trouver, chez les membres de l'épiscopat — dévoués au Pape, mais aussi fidèles à la Monarchie — mieux qu'une satisfaction d'amour-propre à tenir une place, sur les estrades officielles, entre le préfet et le général de division. C'est un spectacle qui fut souvent donné à la foule, et qui lui plaisait, même au temps où le Saint-Siège se tenait strictement à l'écart du gouvernement royal.

M. Mussolini a compris à merveille qu'en offrant au Pape un Concordat avantageux, il faisait, pour ainsi parler, coup double : il affaiblissait par avance les objections derrière lesquelles le Vatican pouvait se retrancher pour éluder le traité politique. Mais surtout il était sûr de gagner le cœur de l'Eglise d'Italie et de se faire d'elle un allié discret. Nous verrons du reste que plus tard, Concordat et Traité signés, au cours des polémiques qui les ont suivis, il n'a pas craint de se targuer de cet avantage, de telle sorte que le Vatican, où l'on a l'oreille fine, a dû comprendre le parti qu'il se proposait d'en tirer (1).

*
* *

Tout ceci peut servir à expliquer que, depuis longtemps, la réconciliation fût « dans l'air ». Elle aurait pu y rester suspendue encore bien

(1) Sur les complications et les anomalies du régime antérieur au Concordat, nous renvoyons le lecteur au chapitre II de l'ouvrage de Pertinax : *Le partage de Rome*. Il est certain que l'Eglise d'Italie vient de passer, au point de vue administratif, d'un état chaotique et souvent même anachronique, à un état organique et même à beaucoup d'égards privilégié.

des années, sans la simultanéité de la présence, à la tête de l'Eglise et à la tête du
Royaume, de deux hommes de caractère
résolu, omnipotents chacun dans sa sphère, et
que tentait l'ambition de mettre un fait à la
place de velléités. Mais l'explication ne nous
donne pas encore la clef de la mise à l'écart
des tierces Puissances dans l'accord intervenu ;
ou du moins elle ne nous la donne qu'à moitié. On comprend que, du côté de l'Italie, l'intérêt d'une solution purement *nationale* ne fît
pas doute. Elle pouvait dire de la question
romaine que le fruit devait être cueilli là seulement où s'étaient rencontrées les conditions
favorables à la maturité ; que, d'ailleurs une
intervention étrangère quelconque eût trouvé
dans les sentiments et surtout dans les souvenirs du pays un obstacle insurmontable. Mais
rien n'annonçait que ce point de vue dût être
partagé par le Saint-Siège, centre de l'Eglise
universelle, et même tous les précédents don-
naient à croire qu'il éprouverait à son tour une
invincible répugnance à le faire sien.

Un des arguments qu'à dû employer M. Mussolini procède vraisemblablement d'un passage du discours célèbre prononcé, en 1861,
par Cavour, à la tribune du Parlement de
Turin : « Très Saint-Père, nous vous donne-
rons cette liberté que *vous avez vainement
demandée depuis trois siècles à toutes les Puissances catholiques* ». Cavour précisait : *l'Eglise
libre dans l'Etat libre*. Les successeurs de
Pie IX ont pu s'apercevoir, par la suite, que la
formule était assez vide. Mais il faut convenir
que, de leur côté, les Puissances ne se sont

guère ingéniées à en proposer une autre. Ce ne sont pas les avances du Saint-Siège, au moins par voie de suggestions réitérées et diversifiées, qui leur ont manqué. On a vu Léon XIII mettre en œuvre toutes les ressources de sa diplomatie pour créer, autour de la question romaine, une atmosphère internationale ; Pie X attirer l'attention du monde sur l'immanence des revendications de la *Santa Sede* par une sorte d'éclat qui devait aboutir à une rupture avec la République française ; Benoît XV essayer de se faire non seulement l'apôtre, mais l'arbitre de la paix, en contradiction flagrante avec la politique de l'Italie. Rien n'a réussi. Les Puissances et l'opinion ont toujours fait un accueil déférent aux démarches du Saint-Siège, mais elles n'ont pas compris, ou pas voulu comprendre, que ces démarches incluaient une arrière-pensée. Le monde politique, à toute époque, depuis soixante ans, a estimé que les raisons de ménager l'Italie passaient l'intérêt de procurer au Pape une réparation de l'événement de 1870.

On trouve un écho du désenchantement que cette attitude passive a fait éprouver au Saint-Siège dans l'allocution du Souverain Pontife aux membres du corps diplomatique (9 mars 1929). Mais il est plus net dans son discours aux curés et aux prédicateurs romains, à la veille du Carême, le jour même de la signature des accords du Latran.

« Quelles garanties peut-on espérer, même pour un Pouvoir temporel aussi vaste que celui qui figurait jadis sur la carte politique de l'Europe ? On a vu à son sujet *ce que firent ou plu-*

tôt ce que ne firent pas, ne voulurent ou plutôt ne purent pas faire les Puissances pour en empêcher la chute. Sans doute ne purent-elles faire autrement. Mais, si telle est — et c'est bien ainsi — la condition et l'histoire perpétuelle des choses humaines, comment pourrons-Nous chercher des défenseurs assurés contre les dangers de l'avenir ? Dangers qui, dans le cas présent, ne peuvent être qu'hypothétiques et *ne furent jamais si improbables.* »

Tel était l'état d'esprit, au Vatican, dans le moment même de l'échange des signatures. Nous croyons pouvoir y trouver une explication — ce n'est assurément pas la seule — de l'abandon des garanties encore reconnues nécessaires deux ans plus tôt L'impartialité nous faisait un devoir de verser cette explication au dossier des accords du Latran, encore qu'elle n'épuise pas le sujet et que peut-être même, à l'heure actuelle, elle ait perdu quelque chose de l'optimisme qui caractérise le dernier trait de ce texte pontifical.

*
* *

Dès le discours prononcé par le *Duce*, le 13 mai dernier, le Pape a fait une allusion très nette à des « espérances déçues » (1). Il n'y a aucune raison de croire que, depuis cette époque, il soit revenu sur ce sentiment. Nous n'avons point à reconstituer les éphémérides des incidents qui ont marqué la période de juin à décembre 1929, moins encore celles de la polémique entre les organes dévoués au

(1) Voir Chapitre IV, p. 102.

Vatican et la presse fasciste. Rien que la disparition progressive des premiers — *Il Momento*, de Turin, l'*Unità cattolica*, de Florence, et surtout le *Corriere d'Italia*, de Rome — est le signe que la presse catholique ne dispose plus que d'une clientèle incertaine ; le Pouvoir n'hésite pas à l'attaquer dans les œuvres vives en le privant des ressources de la publicité rémunératrice. La censure, quand il lui plaît, a d'ailleurs le dernier mot. La *Civiltà cattolica*, organe en quelque sorte international de la *Compagnie de Jésus*, la *Vita giovanile*, de Vicence, l'*Azione giovanile*, de Milan, ont été séquestrés, vers la fin de juillet, pour simples raisons de tendance. Même l'*Osservatore romano* a été menacé d'un sort pareil par des confrères fascistes qui font observer qu'imprimé dans la Cité du Vatican, autrement dit hors des frontières de l'Etat, il s'expose à être traité en « journal étranger » (*Giornale d'Italia*, 21 août) Dans son Allocution du 1ᵉʳ décembre 1929 aux membres des Conseils paroissiaux de Rome, le Pape s'est plaint explicitement des procédés du régime. Il est allé jusqu'à dire : « Vous savez combien est devenu difficile, sinon impossible, le rôle de nos plus modestes organes d'action et de vie religieuses ; difficile à cette presse de parler du Souverain Pontife et d'en défendre les prérogatives et les droits ; difficile de faire une allusion utile aux accords du Latran, en conformité de sa pensée, exprimée si clairement à diverses reprises. »

Il va de soi que le Saint-Office, qui dispose aussi d'une censure, et qui aurait bien des occasions de relever des publications contraires à la foi et à la morale, évite avec le plus grand soin — du moins en Italie — de répliquer par l'usage des armes spirituelles.

Il faudrait d'ailleurs, pour être juste, commencer par les appesantir sur M. Mussolini lui-même, qui ne craint pas de mêler aux traits acérés du polémiste les austérités du dogmatisant. Dernièrement, il prenait à partie la fameuse doctrine du « pouvoir indirect », dont il déclarait ignorer « où elle commence et où elle finit, quels en sont les voies et le but ? » Si ce n'est encore là qu'une boutade, le commentaire est plus grave. Dans la même harangue, prononcée le 15 septembre dernier devant la grande Assemblée du Parti fasciste, par conséquent en pleine solennité, il n'hésitait pas à faire entendre, en termes à peine couverts, qu'il avait mis dans son jeu les sympathies et la gratitude de l'Eglise d'Italie :

« Des rapports des préfets, il résulte que le clergé italien est dans l'Etat italien, c'est-à-dire est obéissant aux lois de l'Etat et est souvent enthousiaste du régime selon la vieille formule de 1925 : « Tout dans l'Etat. Rien hors de l'Etat. Rien contre l'Etat. »

» La masse du clergé est animée, en général, à part quelques rares exceptions dans la région frontière, du sincère désir de collaborer avec les autorités fascistes locales et centrales, non pas uniquement pour le besoin de sa tranquillité, mais parce qu'elle n'oublie pas le passé et sait le comparer avec le présent. »

Et sans doute a-t-il raison. Si la tension entre le Vatican et le régime tournait au tragique, la grande majorité du clergé ne faillirait probablement pas à ses devoirs envers le Pape. Nous n'en sommes pas encore là. En attendant, on peut conjecturer que, sans cesser de conserver une vénération platonique pour le « pouvoir indirect », tel qu'on l'enseigne au séminaire, la plupart des prêtres italiens sont attachés désormais à un régime qui a fait d'eux des fonctionnaires privilégiés, les rémunère honorablement et les exempte du service militaire. On raconte qu'un ecclésiastique, à qui Pie XI daignait communiquer en épreuves le projet de Concordat, ne put retenir cette exclamation : « Très Saint Père, c'est trop beau ! » Ce *trop*, dans sa pensée, n'était qu'une manière d'éloge. Il pourrait bien ne pas s'écarter du sens propre, si, véritablement, le *Duce* obtient du Concordat les effets qu'il en attend.

L'unique réprésentant au gouvernement du Centre catholique rallié au Fascisme, M. Mattei Gentili, sous-secrétaire d'Etat à la Justice, a donné sa démission au début de septembre. Le remaniement ministériel de la même époque a mis en vedette M. Ricci, chargé spécialement de la direction de l'enseignement sportif, dans un ministère qui ne s'appellera plus désormais de l' « Instruction », mais bien de l' « Education » publique, intitulé significatif. Dernièrement la Librairie quasi-officielle dite du *Licteur* a mis en vente un ouvrage de M. Missiroli, intitulé *Date a Cesare (Donnez à César...)*, dans lequel l'auteur se complait à confronter le projet initial du Saint-Siège avec le texte définitif des accords du Latran. Il souligne ainsi les régressions des négociateurs pontificaux, en faisant usage de documents qui n'ont pu tomber sous ses yeux que par la complaisance (ou la connivence) des autorités de l'Etat. Le Pape, au cours de la précédente Allocution, a infligé à cette publication le qualificatif de « comble d'indiscrétion et d'inconvenance ».

Par la suite, les Agences de presse et même l'*Osservatore romano* ont fait savoir que ces révélations n'avaient pas été « autorisées », sans d'ailleurs alléguer, et pour cause, un désaveu proprement dit. Cela prouve tout simplement que les agents diplomatiques chargés d'assurer le contact entre les deux Pouvoirs savent leur métier, qui est, en cas pareil, d'obstruer les fissures trop apparentes.

*
**

Un ancien évêque de Moulins, appelé dans un autre diocèse, prenait un jour congé de la Supérieure d'une Congrégation locale à laquelle il témoignait beaucoup d'intérêt. La Supérieure se confondait en doléances : « Ah, Monseigneur, quand vous avez pris possession de ce siège, vous avez promis d'y rester jusqu'à votre dernier soupir ». « : Ma sœur, répondit le prélat, qui d'ailleurs était un excellent homme, on voit bien que vous ne savez pas ce que c'est qu'une figure de rhétorique ! ».

M. Mussolini, lui, sait parfaitement ce que c'est qu'une figure de rhétorique, et il en a usé sans aucun scrupule quand il a dit, dans son discours du 13 mai 1929, qu'il n'avait jamais été question de *vaticaniser* le Quirinal ou de *quirinaliser* le Vatican ; qu'au surplus une distance de « dix mille kilomètres » les séparait.

Il connaît trop bien son pays pour ne pas savoir qu'au contraire les deux Pouvoirs s'y touchent et que nulle part il n'est aussi difficile d'établir entre eux même un simple bornage. Par la force des choses, la question qu'on appelle un peu partout *cléricale* — et qui revient à savoir, sauf meilleure définition, jusqu'à quel point l'Etat peut souffrir l'ingérence du clergé dans les affaires politiques — se présente en Italie, où réside le Saint-Siège, sous une forme plus ample et plus enrobée d'histoire que partout ailleurs. Et s'il est vrai que l'Etat fondé en 1870 a manqué souvent d'égards et même de justice envers l'Eglise, il serait puéril de soutenir que l'Eglise de son côté, s'est toujours tenue en deçà de la frontière qui la sépare de César.

Avec Pie IX et Léon XIII, elle contrecarre le jeu des institutions parlementaires en défendant aux catholiques l'approche des urnes électorales. Avec Pie X elle suspend la prohibition, *caso per caso*, mais de telle sorte que l'issue du scrutin dépend souvent de l'attitude des évêques. Avec Benoît XV, elle emploie toute son influence à dissuader l'opinion italienne de suivre un gouvernement qui se prépare à la guerre. Cavour, s'il réapparaissait dans ce monde, trouverait que l'Eglise a fait un large usage de sa liberté dans l'Etat libre. Telle est probablement aussi l'opinion du *Duce*. Mais, en outre, le *Duce* conçoit et ne se lasse pas d'appliquer un programme rigide de rénovation de l'Italie. Il se soucie fort peu de savoir si le Saint-Siège l'approuve, ni même s'il peut l'approuver. Il a *sa* doctrine et son « éthique ». A l'heure qu'il est, jusqu'à nouvel ordre, il se montre aussi prompt à l'exécution qu'opiniâtre dans le dessein. Comment des heurts ne se produiraient-ils pas ?

Avant le Fascisme, le Saint-Siège se connaissait, en Italie comme partout, des adversaires de son influence, de son enseignement, des principes même du Christianisme. Du moins ne trouvait-il pas devant lui le fondateur d'une sorte de religion *étatique*. Il était en démêlés avec des Italiens — libéraux, anti-cléricaux, francs-maçons — mais non pas avec un dictateur, qui prend quelque peu des allures de prophète et qui entend créer « l'homme italien » (1) ; or pour faire un « homme italien », il faut commencer par s'emparer de l'enfance, et même des futures

(1) Nous sommes convaincu que M. Mussolini prend très sérieusement à cœur cette création. Mais pourquoi faut-il que l'*Impero* et le *Popolo d'Italia* lui donnent un aspect sinistre, et qu'ils nous préviennent en ces termes : « L'Italien accommodant et serviable n'existe plus. Il doit être dur et taciturne. Le Fascisme a choisi le noir, la couleur la plus sévère, etc. » (Cité par *L'Echo de Paris* du 23 septembre 1929.)

Décidément les extrêmes se touchent. Les mauvaises langues rapportent que, dans l'ancienne armée napolitaine, avait cours un commandement spécial : *Faccia feroce !* (Figure féroce !), destiné à donner aux troupes l'apparence d'une martialité qu'elles n'eurent jamais. Là-dessus la recrue faisait une grimace épouvantable, et probablement il se créait des titres à devenir caporal.

Nous ne consentirons jamais à croire que l'Italien tel que nous l'avons connu, c'est-à-dire affable, policé, et souvent de compagnie fort agréable, ait complètement disparu avec le Fascisme, ni qu'un peuple méridional doive se vêtir de noir, au physique et au moral, pour accomplir ses destinées.

mères italiennes, et les soumettre à des disciplines « totalitaires » (1).

Le Saint-Siège défendait jadis, comme de juste, les intérêts du mysticisme chrétien ; il ne se heurtait pas à un autre mysticisme, qui prétend non seulement se suffire à lui-même, mais s'être assimilé — voilà le plus grave — la substance morale du catholicisme, au point de ne guère laisser à la légitime autorité religieuse que l'extérieur de la puissance fécondante et les pratiques rituelles. Jamais l'opportunisme d'un Depretis, l'agnosticisme d'un Giolitti, l'anticléricalisme d'un Crispi, ni même le laïcisme nuancé d'un Cavour n'étaient allés jusque-là. C'est pourtant avec ce régime fasciste qu'on vient de traiter, et il laisse assez voir que son esprit, loin de s'être détendu à la suite des accords, de plus en plus se contracte pour agir à coup plus sûr.

Le Concordat n'a guère tranché que des problèmes administratifs. On ne saurait pourtant contester, du moins quand on se borne à la lecture du texte, qu'un certain « esprit » en émane. Si cet esprit-là parvenait à s'épanouir

(1) Ce n'est pas seulement des futures mères italiennes que le Fascisme exige des attitudes de martialité plus ou moins conventionnelles.

L'Illustration du 26 octobre 1929 publie un cliché dans lequel nous voyons défiler, au pas de parade, devant la tombe du *Soldat inconnu*, un groupe d'institutrices de l'Etat. Dans ce groupe figurent un certain nombre de religieuses qui s'acquittent militairement du salut fasciste.

Il est légitime qu'au Vatican on ne se contente pas de partager l'opinion des gens de goût sur les manifestations de ce genre. On y trouve, avec raison, une peinture de l'esprit du régime assez alarmante pour les intérêts de la délicatesse féminine et surtout monastique.

sans contradiction, peut-être, au bout de quelques années, aurait-il assuré à l'Eglise une influence capable de façonner l'Italie selon son modèle. Mais la contradiction est là. Elle défie le Pacte concordataire. La paix du Latran encourt le reproche même que le Saint-Siège n'a pas épargné à celle de Versailles : on ne saura que plus tard si elle est juste ; pour le moment elle ne paraît guère durable. C'est à peine si le *Duce*, à certaines heures, prend souci de ménager les apparences. Comment fait-il répondre au Pape qui, au cours d'une réception, le 15 septembre 1929, des représentants de la Jeunesse catholique italienne, s'était borné à faire allusion à la surveillance politique dont cette Jeunesse est l'objet ? Un organe officieux, le *Giornale d'Italia*, le prend sur le ton du sarcasme et de la menace. L'article, dont nous empruntons l'analyse au correspondant romain du *Temps*, n'est même pas exempt d'un procédé que l'urbanité nous interdit d'appeler par son vrai nom, mais que le lecteur qualifiera aisément, rien qu'en pensant aux cavatines du répertoire.

« Quant aux sentinelles dont a parlé le « Duce », c'est un contrôle que l'Etat a le droit d'exercer sur toutes les organisations politiques comme l'est indubitablement celle de la jeunesse catholique. D'ailleurs, en son temps, l'Etat de l'Eglise a exercé ce contrôle avec plus d'activité encore, ainsi que le prouvent les dossiers de sa police politique que le Fascisme *pourrait bien publier, si on l'y force*. Enfin, opposant le Fascisme à l'Eglise, le *Giornale d'Italia* ne craint même pas d'affirmer que le premier s'inspire d'une éthique plus rigide. Dans ses rangs, les individus malhonnêtes sont, par exemple, reconnus, dénoncés et expulsés, tandis que si la censure laissait libre cours à la chronique scandaleuse, les journaux pourraient énumérer à foison les délits accomplis trop souvent par les prêtres contre les bonnes mœurs et les principes élémentaires de la morale chrétienne et civique. D'ailleurs, de nombreuses personnalités de l'Action catholique ne sont-elles pas déportées à cause de banqueroutes frauduleuses où a sombré l'épargne des paysans et des petits artisans ? Conclusion : quand le Pape se détache ainsi de Dieu pour se mêler d'une façon agressive aux hommes et à leurs choses, il trouvera toujours prête la réaction humaine et nationale des 99 0/0 des Italiens non inscrits à l'Action catholique. »

Quelques jours après cette philippique, la ville de Rome célébrait, comme à l'habitude, l'anniversaire du 20 septembre 1870. Mais, cette fois, les couleurs pontificales flottaient, à côté des couleurs italiennes, sur le palais de la Nonciature et de l'Ambassade d'Italie auprès du Saint-Siège. Les exigences du *Duce* étaient allées jusque-là. On n'imagine pas, en effet, que, de gaieté de cœur, le Vatican ait pris part à une fête nationale destinée à commémorer l'entrée des troupes piémontaises à Rome par la *Porta Pia*, en passant sur le corps des derniers défenseurs du Pouvoir temporel (1).

(1) C'est là, du moins, une présomption. Elle ne nous paraît pas sujette à être infirmée par un incident que rapporte le journal *La Croix*, et qui s'est passé à Vicence, le même 20 septembre 1929.

Ce jour et en ce lieu-là, notre éminent compatriote le cardinal Lépicier, qui revenait de France par le Tyrol, a

On l'imagine d'autant moins que les Papes précédents avaient qualifié solennellement cette entrée d'attentat sacrilège, et invité la catholicité tout entière à considérer l'anniversaire du 20 septembre comme un jour de deuil (1).

Nous savons à présent quelles réserves il convient de faire sur l'*indépendance* pontificale proclamée dans les accords du Latran — et pourquoi Garibaldi peut continuer à rester bien tranquille sur son piédestal du Janicule.

fait la rencontre du Prince héritier, Humbert de Savoie. Non seulement ils ont assisté « sur deux trônes qui se faisaient face à face », dans la basilique de la Madone, à une cérémonie d'actions de grâces. Le correspondant de *La Croix* signale que « le soir, au palais de la préfecture, un grand dîner réunissait le prince de l'Eglise et le prince du sang, autour desquels se pressaient le ministre Mosconi, l'évêque, les représentants de la magistrature, de l'armée, etc. » Sa conclusion est que le prince de l'Eglise s'est montré une fois de plus « le grand ambassadeur de la pensée catholique et de la courtoisie française ».

Nous n'aurons pas la hardiesse de supputer les réflexions qu'ont dû faire naître, dans l'esprit du jeune prince, la présence et l'empressement d'un cardinal de la Sainte Eglise romaine à un banquet commémoratif du 20 septembre 1870. Mais vraiment il aurait eu du mérite à ne point se dire qu'après tout son bisaïeul avait bien préjugé du cours de l'histoire, quand il passait outre aux excommunications majeures pour asseoir, sur l'ancienne Cité des Papes, la base de l'unité du Royaume.

On peut faire des réserves sur l'opinion que le cardinal Lépicier aurait été, en l'occurrence, un ambassadeur de la « pensée catholique », au moins de celle qui a répondu, pendant cinquante-huit ans, aux intentions du Saint-Siège. Par contre, il est toujours flatteur de coopérer à une éducation de prince.

(1) Le jour même où le drapeau pontifical était arboré à Rome, à côté du drapeau national, la Fédération des jeunesses catholiques du diocèse de Côme élevait la protestation traditionnelle contre la célébration de l'anniversaire du 20 septembre.

Par arrêté du préfet, sur avis conforme du Ministre de

*
* *

C'est ici qu'une question, ou, si l'on préfère, une hypothèse, s'impose à l'esprit. — Est-il probable, vraisemblable même, que les choses se fussent passées de la même façon, depuis la signature du Traité politique, si ce Traité avait été revêtu du contre-seing international ?

Bien entendu, nulle Puissance n'a le droit de s'immiscer dans les conflits entre le gouvernement italien et le Pape, Chef de l'Eglise d'Italie. Mais le Pape est aussi, ou plutôt avant tout, Chef de l'Eglise universelle, et toutes les distinctions du monde n'empêcheront pas que sa personne est indivisible, du moins en tant qu'elle mérite le respect et que son prestige doit rester intact.

Or déjà, le discours du 13 mai dernier, qui semble avoir ouvert la période des hostilités inattendues entre les deux Pouvoirs, se ressent au plus haut degré du caractère *intérieur* du Statut qui règle la condition du Saint-Siège. On nous permettra de croire que la composition et surtout le ton en auraient été fort différents, si M. Mussolini avait eu à présenter

l'Intérieur, cette Fédération a été déclarée dissoute. En outre, dans sa séance du 25 septembre 1929, le Conseil des Ministres a pris texte de l'incident pour décider la présentation au Parlement d'un projet d'abrogation pure et simple de l'article 218 de la loi sur la sûreté de l'Etat.

Cette abrogation, aujourd'hui décidée, soumet au droit commun même les associations confessionnelles qui, jusqu'à présent, en vertu des accords du Latran, au titre de leur affiliation à l'*Action catholique,* jouissaient d'une certaine liberté.

à la ratification du Parlement italien un texte contresigné par les plénipotentiaires d'une douzaine de Puissances. Le souci des convenances internationales, la vigilance avec laquelle il entretient sa réputation d'homme d'État, l'auraient certainement détourné de passer trois heures à faire à sa façon l'historique des rapports entre le Saint-Siège et l'Italie, et surtout d'employer un langage tantôt cavalier, tantôt délibérément agressif. Sans doute, il aurait été plus bref ; sûrement il se serait montré plus courtois. On sent trop qu'il a fait abus de ce qu'il se sentait exclusivement *entre Italiens*, et à son estime autorisé à profiter de la circonstance pour liquider une vieille querelle *inter-italienne*.

Ses autres discours, les polémiques de presse qu'il a inspirées ou tolérées, l'acharnement avec lequel il s'oppose au principe de l'Association catholique indépendante, toute son attitude en un mot, pendant les premiers mois qui ont fait suite aux accords du Latran, portent la même marque. Le Saint-Siège n'a traité qu'avec l'Italie : l'Italie lui demande des comptes comme s'il n'avait à en rendre qu'à elle ; comme si l'autorité universelle du Pape s'absorbait dans l'autorité qui lui compète en Italie et dont, à ce qu'il paraît, la politique du régime n'est pas satisfaite.

Si de tierces Puissances fussent intervenues au Traité politique, le Saint-Siège eût disposé d'un argument pour éluder toute participation à la dernière cérémonie du 20 septembre, qui, en définitive, constitue l'apologie retentissante de sa déchéance temporelle. Il aurait pu dire

que, reconstitué au temporel sur la base —
si étroite qu'elle puisse être — d'un Statut
international, il avait encore moins de raisons
de commémorer en Italie cette victoire sur lui-
même que les Allemands de célébrer l'anniversaire de la bataille de la Marne ou les
Français celui du *Sedantag*.

Le concours des Puissances aurait encore eu
pour effet certain d'atténuer la surprise, qu'on
a éprouvée dans tout l'univers, à la nouvelle
que le Saint-Siège abandonnait d'un trait de
plume des revendications dont il conviait depuis si longtemps la catholicité à approuver
l'intransigeance. Au lieu d'avoir à imputer la
fin du *dissidio* uniquement à des convenances
d'intérêt italien, l'opinion générale aurait été
disposée à admettre que le règlement intervenu
était conforme à l'intérêt de tout le monde. En
tous cas, la présence et l'assentiment des tiers
eussent recommandé cette présomption. Leur
absence, au contraire, laissera toujours planer
une ombre, non pas sur les intentions person-
nelles du Souverain Pontife, mais sur les com-
plaisances réciproques sans lesquelles il n'aurait pas été possible de nationaliser la question
romaine, et qui peuvent être suivies d'autres
collusions.

Voici donc déjà commentés — par voie d'hypothèse rétrospective — un certain nombre de
faits particuliers qui ont malheureusement
trouvé dans la réalité une place insolite. Mais
la question vaut la peine d'être envisagée sous
un point de vue beaucoup plus général, et il
semble bien que le Pape lui-même nous y convie, par les déclarations qu'il a faites au Corps

diplomatique, le 9 mars, au moment encore
où la paix du Latran offrait toute apparence
d'être sincère.

Dans cette Allocution Pie XI déclare ne pas
faire grand cas, il est vrai, des garanties juridiques de Droit international ; il les assimile
même à une sorte de *tutelle* (1). La critique est
sévère pour la politique contemporaine, qui
se complaît à la multiplication des pactes,
généraux, d'Etat à Etat, entre groupes d'Etats
(tous emportant garantie) et qui donne au
Secrétariat de la Société des Nations mission
de les enregistrer. On ne saura que plus tard
quel degré de confiance il convient de faire à
cette montagne de papiers ; après tout, il se
peut que le Pape ait raison, quand il se montre sceptique. Du moins, un peu plus loin,
s'étend-il sur la valeur des garanties *morales*,
parmi lesquelles il range en premier lieu la
présence d'un Corps diplomatique autour de

(1) Le texte porte : « La garantie juridique est celle
que l'ancien et solennel langage du Droit romain tradui-
sait en défense-tutelle, défense contre l'adversaire,
l'ennemi, l'insolvable ».

La pensée se présente ici sous une forme enveloppée.
En tous cas, ce n'est point le cardinal Gasparri, Emi-
nence juridique autant que religieuse, qui a pu trouver
synonymes la tutelle et la garantie, soit en Droit romain, soit en Droit moderne, privé ou public. En droit
privé, la personne obligeante qui consent à me fournir
caution ne me tient pas en tutelle. Il serait plutôt sous
la mienne, si je me mets dans le cas de ne pouvoir
acquitter ma dette et de lui faire faire l'expérience du
vieux dicton : *Qui cautionne paie*. En droit public, la
France, l'Allemagne et la Belgique ne se considèrent
nullement comme les pupilles de l'Italie et de l'Angleterre, encore qu'elles aient accepté la garantie de
Locarno.

Sa personne. Arrêtons-nous un instant sur cette considération.

En l'état présent des choses, chaque Puissance est représentée auprès du Saint-Siège isolément. Les membres du Corps diplomatique accrédités au Vatican sont avec lui en rapports personnels ou professionnels, dans la mesure consentie par les usages. Mais précisément ils ne constituent pas un *Corps*, — au sens rigoureux du terme — revêtu d'une personnalité propre, qui symbolise les intérêts communs à la *Santa Sede* et à la collectivité dont ils sont les mandataires. Dans ces conditions les garanties morales qu'ils peuvent lui offrir sont, pour ainsi dire, individuelles, et même il n'est pas interdit de supposer qu'elles puissent être rivales. Cela met beaucoup à l'aise, il me semble, un gouvernement italien qui, par hypothèse, se permet de chercher querelle au Pape. Il le serait probablement moins, s'il sentait qu'autour du Pape monte la garde, en quelque sorte, un Corps diplomatique dont chaque membre, encore qu'il ait à traiter d'affaires distinctes, fait pourtant partie d'un ensemble préposé à l'observation des péripéties d'une affaire générale. Certes, la dignité et l'indépendance effective du Souverain Pontife en sont une ! Mais l'érection du Corps diplomatique en véritable Institution ne peut procéder que d'une entente entre Puissances.

Si cette Institution existait, c'est sans doute dans son sein qu'on trouverait le neutre de bonne volonté et honoré de la confiance de tous ses collègues, auquel, en temps de guerre, on pourrait confier le contrôle de la correspondance diplomatique dont il a été déjà question au cours de cet ouvrage (1). Par là serait comblée une des lacunes du Traité politique, qui permet aux agents des Etats en guerre avec l'Italie de continuer à résider à Rome et de remplir leurs fonctions auprès du Saint-Siège, mais sans garantie des moyens de s'en acquitter auprès de leurs propres gouvernements.

J'ouvre ici une parenthèse, mais, cette fois, pour attirer l'attention sur l'intérêt qu'ont ces gouvernements à leur tour, tous et chacun, à recevoir des garanties morales. L'orientation inter-italienne du Traité politique ne pouvait échapper à personne. Elle a donné lieu, beaucoup plus qu'on ne l'a laissé voir, à des préoccupations. C'est si vrai qu'au premier moment, même dans certains organes de nuance catholique, on a parlé de « contre-poids ». On a même fait entrevoir que le nouvel état des choses pourrait bien aboutir à l'élection d'un Pape étranger. La conjecture paraît assez enfantine. Un Pape étranger ! On lui ferait la vie dure et peut-être courte. Des esprits moins imaginatifs ont envisagé une nouvelle répartition des nationalités dans la composition du Sacré Collège. Au lendemain des accords, quatorze « chapeaux » attendaient leurs titulaires, a-t-on remarqué ; or, le nombre des cardinaux étrangers réunis dépassait déjà de quelques unités celui des *porporati* italiens. Que cette majorité soit grossie, voilà le moyen de rétablir l'équilibre.

(1) V. Chapitre V, p. 151.

Nous ne saurions nous rendre à cette manière de raisonner. Quelques nouveaux « chapeaux » distribués à des cardinaux *résidentiels*, — c'est-à-dire dont la résidence est fixe et obligatoire, dans n'importe quel pays d'Europe et d'Amérique — ne changeront rien à l'esprit de la Curie, formée par les cardinaux, presque tous Italiens, qui se répartissent les présidences et la haute direction des Congrégations romaines. Et même lorsque tous seront réunis en Conclave, c'est encore autour des membres de la Curie que se formeront les groupements qui précèdent et souvent déterminent l'élection des Papes. Sans des événements extraordinaires, l'apparition d'une personnalité irrésistible, on ne conçoit pas qu'une coalition se forme entre cardinaux étrangers, assez nombreuse et assez compacte pour éliminer les candidatures italiennes.

Au surplus, les dernières promotions, du mois de décembre 1929, attestent plutôt l'intention du Pape de maintenir l'équilibre numérique, tel qu'il se présente actuellement au sein du Sacré Collège, puisque, parmi les nouveaux membres, on compte un Français (Mgr Verdier), un Irlandais, un Portugais, et trois Italiens, Mgr Levitrano, archevêque de Palerme, Mgr Minoretti, archevêque de Gênes, et Mgr Pacelli, ancien nonce à Berlin.

De sorte que, sous le régime du Traité du Latran, on a beau se porter à la découverte des garanties morales, auxquelles nous avons vu le Souverain Pontife attacher un très juste prix, l'entreprise est bien peu féconde. S'il s'agit des garanties que le Saint-Siège recherche pour lui-même, et si l'on nous dit qu'il place sa confiance dans les sentiments du peuple italien, on entend de reste le *Duce* s'exclamer : Moi aussi ! S'il s'agit de celles qu'il dépend de lui d'offrir, tout au plus peut-il dire qu'il répond du peuple italien comme de lui-même. Mais alors c'est toujours tourner autour de la question.

*
* *

En réalité l'unique obstacle qui s'est dressé devant un règlement auquel les tiers intérêts fussent représentés, c'est l'amour-propre italien. Au Vatican, on a passé par l'indispensable et par le plus court et cédé pour aboutir. (1)

L'amour-propre italien sur cet article, je crois le connaître ; il date de plus loin que le Fascisme. Je l'ai entendu non pas s'exprimer, mais exploser, parmi les plus fidèles et les plus qualifiés serviteurs de l'Eglise, jusque dans des cellules de religieux. Il a son excuse dans l'extrême susceptibilité d'un sentiment national trop souvent mis à l'épreuve par des interventions étrangères, surtout par celles que les

(1) Rien que le libellé du Traité politique prouve que le sujet dépasse le cadre intérieur italien. A tout instant ce Traité se réfère au Droit international. Il en est question dans le Préambule ; à l'article 2 (reconnaissance de la souveraineté du Saint-Siège) ; à l'article 9 (citoyenneté vaticane) ; à l'article 12 (droit de légation) ; à l'article 15 (exterritorialité) ; à l'article 24 (neutralité). On a bien pu tenir les autres Puissances à l'écart des tractations et de la conclusion qui sont censées avoir éteint la question romaine. Mais cette extinction, et même la forme choisie, rappellent à chaque instant la nécessité de recourir aux principes ou aux usages internationaux pour élaborer le nouveau Statut du Saint-Siège.

Papes du dix-neuvième siècle ont provoquées, en vue de la défense du « temporalisme ». L'explique qui pourra : il s'est trouvé des Garibaldiens pour pardonner Mentana à la France ; il est très rare de rencontrer un prêtre italien, même de l'ancienne génération, qui nous sache gré d'avoir soutenu, de 1848 à 1870, les intérêts du Saint-Siège. Et puis le Fascisme vient de saisir, pour ainsi dire par le côté épique, ce sentiment national. D'ombrageux qu'il était déjà, il l'a rendu farouche et ostentatoire. Ce n'est pas M. Mussolini qui pouvait ouvrir une porte aux Puissances sur ses conciliabules avec le Vatican. Il en voulait tout l'honneur. On ne peut contester qu'il l'a.

*
* *

Mais maintenant ?

Tout cela n'empêche pas que l'Eglise catholique reste universelle, qu'elle a des intérêts universels, et qu'un intérêt, non pas universel, mais très étendu, exige qu'elle ne soit solidaire, ni des destinées d'un Etat, ni des sentiments d'une nation. Dès qu'on lit attentivement, et de bonne foi, les accords du Latran, on éprouve l'impression d'une solidarité, non pas voulue, peut-être, mais latente et pour ainsi dire fatale, entre le Saint-Siège et l'Italie. Cette impression subsistera tant qu'un fait nouveau, un correctif, ne seront pas intervenus. Ce correctif, ce contre-poids à un privilège italien, qui est fait d'histoire, de géographie, d'ethnographie même, ne peut être trouvé que dans une sorte d'accession ou, si l'on veut, de caution *collective* des autres Puissances au pacte du 11 février 1929.

L'amour-propre italien a exigé que les conditions de ce pacte fussent débattues en l'absence de toutes tierces parties, même à l'égard d'un Traité politique dont l'objet, selon la forte expression du cardinal Secrétaire d'Etat qui l'a signé, « excède *évidemment* les frontières de l'Italie ». Soit ; mais ira-t-il, cet amour-propre, jusqu'à répudier, *ex postfacto*, des garanties qui seules peuvent conférer à ce pacte une autorité et une valeur certaines au point de vue international ? Il serait alors bien difficile ! Ce mot de « garanties » a l'air de désobliger, non pas toutefois au même degré, le Vatican et le gouvernement italien. Soit encore ; qu'on en trouve un autre ; qu'on ouvre le répertoire des équivalents. Mais qu'on ne nous dise pas que l'Italie serait humiliée ou froissée en quoi que ce soit, si les Puissances en rapports diplomatiques avec elle et avec le Saint-Siège étaient conviées à contresigner les conventions qu'elle a librement souscrites. La France, la Belgique, l'Allemagne même, ont-elles cru faire un sacrifice d'amour-propre en acceptant la *garantie* de l'Empire britannique et de l'Italie tout justement, au bas des accords de Locarno ? Est-ce que l'amour-propre suisse ou belge a souffert des *garanties* apportées par les grands Etats à la neutralité des petits ? Tout l'esprit de la politique internationale moderne, loin de repousser, sollicite ces interférences qui ont pour but d'agrandir et tout en même temps de resserrer le réseau des intérêts collectifs. On prétend même que là seulement est la *garantie* de la paix.

Je ne dis pas que cette adaptation du Statut

du Saint-Siège aux exigences de son véritable objet soit nécessaire et possible dès demain. Il y faut des circonstances favorables, de même qu'il a fallu des circonstances favorables pour mettre terme au *dissidio*. Mais je dis qu'il serait singulièrement téméraire d'en écarter l'idée par principe, à plus forte raison de soutenir que, considérés en eux-mêmes, ces accords sont complets et définitifs.

*
* *

Il vaut mieux s'abstenir de tout pronostic sur la tournure que prendra le conflit entre le Saint-Siège et le Fascisme. Nous ne serions pas surpris de le voir s'atténuer, sinon brusquement, du moins par intermittences. Tel est sans aucun doute le vœu de la grande majorité des Italiens. Au Vatican, jusqu'ici, on a accusé les coups avec une extrême modération. Au surplus, on y a la vue longue, et peut-être même, dans cette Maison qui fut le témoin de la chute de tant de régimes et même de tant d'Empires, attribuait-on aux accords, avant même de les conclure, une portée qui va bien au delà du Fascisme, sans en préjuger d'ailleurs les évolutions et les destinées. On a dû se dire qu'au fond on traitait *avec l'Italie*, et que le contrat liait deux parties, dont l'une peut se flatter de représenter l'immanence, dont l'autre a toutes chances de rester un grand Etat. Qui sait? Le fait d'avoir conclu un pacte durable avec la Monarchie de Savoie, absoute et réconciliée, doit aussi tenir une certaine place dans les sujets de consolation qu'on cherche aux difficultés du moment. La Monarchie et le Fascisme sont comparables à deux plantes qui, de loin, à l'heure actuelle, apparaissent comme enlacées, et presque indistinctes. A regarder de plus près, on s'aperçoit qu'elles ont bien chacune leur vie propre et les aliments de leur vie. En tous cas, si la première jette moins d'éclat, elle pousse les racines plus loin.

Je ne voudrais pas prendre à mon compte les bruits qui circulent autour de certains dissentiments — ou, si l'on veut, d'un certain écart de sentiments — entre la Maison royale et le Dictateur. Ce peut n'être qu'une rumeur ; en tous cas il suffirait de paraître la prendre au sérieux pour qu'elle fût démentie. Tout de même, quand on relit le fameux discours consacré par M. Mussolini, devant la Chambre des députés, à l'historique de la question romaine, on est frappé de ce qu'il fait une part assez congrue au rôle des Savoie dans l'évolution nationale. On trouve bien, en certains passages, quelque apologie personnelle de Victor-Emmanuel II Mais l'Institution monarchique, qui fut la base du *Risorgimento*, et sans laquelle peut-être le Fascisme n'eût été qu'un fauteur de guerre civile, reçoit en somme moins de compliments que Garibaldi, monarchiste bien tiède. Cette réserve pourrait n'être pas recueillie sans intérêt par la psychologie politique. Au Vatican on a donné l'exemple d'une autre. Quand M. le comte de Vecchi, nommé ambassadeur auprès du Saint-Siège, a présenté ses lettres de créance, le Souverain Pontife lui a fait un accueil des plus flatteurs. Il l'a assuré de son entière bienveillance pour l'accomplissement de la mission dont il était chargé. Il l'a prié de transmettre sa bénédiction « au Roi et à l'Italie tout entière ». Mais on chercherait en vain le nom de M. Mussolini, encore qu'il reste le Maître de l'heure, dans le texte de l'allocution pontificale.

Plus récemment, les comptes rendus des visites solennelles que, les 5 et 6 décembre 1929, les souverains d'Italie et la famille royale ont faites au Pape, sont destinés à créer l'impression d'une réconciliation plénière et sincère. L'intonation en est presque rayonnante, et pas un détail n'est omis qui ne fasse ressortir le sens profond de cette rentrée de la Maison de Savoie au foyer de l'Eglise, d'où elle fut si longtemps bannie. Par contre, pas une ligne n'est consacrée au *Duce* ; pas un mot du Pape à son adresse. Voici donc M. Mussolini absent à son tour de la cérémonie qui forme une sorte d'auréole autour des accords préparés par lui-même ; et la question de savoir si et quand il ira porter ses propres hommages au Pape reste encore en suspens.

****

Quel que soit l'avenir intérieur des accords du Latran, le Traité politique reste exposé à la critique de l'extérieur. Pour le moment, cette critique est très réservée. Aucun événement notable ne s'est encore produit qui dénonce une plainte ou un soupçon chez quelque intérêt étranger froissé par la conclusion d'un pacte entre la Puissance romaine et la Puissance italienne (1). Cependant, si le *dissidio* a sauvegardé honorablement le renom d'indépendance et d'impartialité du Saint-Siège, l'épreuve du Traité commence à peine. Il peut s'écouler des années avant que le Pape les voie mises en cause. Il peut survenir demain un accident, dans un pays interconfessionnel ou même catholique, qui le place dans la nécessité morale de fournir des explications. L'éveil serait donné dès lors à toutes sortes de susceptibilités plus ou moins contagieuses, et, une fois le Traité politique du Latran devenu suspect quelque part, il serait difficile de le maintenir ailleurs au bénéfice de la présomption qu'il ne fait tort à personne.

On dira qu'une garantie souscrite par les Puissances étrangères au bas de ce Traité serait un palliatif bien incertain, encore qu'elle joue théoriquement dans un double sens. Nous voudrions savoir si, en l'état où l'on a mis les choses, il en existe un autre ? L'Eglise pourra dire qu'en fin de compte non seulement elle a la promesse surnaturelle de sortir indemne des enlacements de la Puissance politique,

(1) On s'imaginerait à tort que les démêlés actuels puissent tenir lieu de garantie contre une sorte de collusion, au moins casuelle, entre ces deux Puissances. S'ils se prolongent, il semble bien que le Vatican soit d'autant moins à l'aise pour suivre à l'extérieur une politique dont le Fascisme prendrait ombrage, car il serait périlleux pour lui de soutenir deux guerres à la fois. S'ils ne sont que passagers, nous retombons sur les termes classiques du problème : l'indépendance pontificale est-elle effectivement compatible avec des rapports étroits entre le Saint-Siège et l'Italie ?

mais que, derrière elle, près de vingt siècles d'histoire lui donnent raison sur ce point. Seulement la Puissance politique, qui, par rapport à l'Eglise, vit au jour le jour, n'a pas les mêmes raisons de confier à l'œuvre du temps la défense de ses intérêts. Elle est dans l'obligation de concevoir et d'agir sur des plans rapprochés. Le fait même qu'elle n'entretiendrait pas beaucoup d'illusions sur la valeur et la durée des garanties qui sont à sa portée ne la dispense pas du souci de les obtenir.

En conclusion, il faut espérer que les accords du 11 février 1929 ne sont qu'un palier par lequel devait passer l'évolution de la question romaine. Nous croyons avoir rendu compte impartialement des raisons qui, à la longue, devaient triompher de la répugnance du Saint-Siège à passer condamnation sur les événements de 1870. Mais il nous paraîtrait osé d'en induire que ces accords ont épuisé la question, et qu'ils constituent en quelque sorte — pour parler *romain* — la Loi des douze Tables sur laquelle doit se fonder désormais la charte temporelle de l'Eglise universelle. Si même on se demande sur quel rayon classer ce document historique, parmi les témoignages de l'ancien esprit « nationaliste », ou parmi les symboles de l'éclosion d'un internationalisme légitime et fécond — la réponse n'est pas douteuse. Rien ne ressemble moins à une préface aux Etats-Unis d'Europe que ce Traité politique bilatéral, dont l'objet était pourtant bien digne de susciter une large coopération entre gouvernements et fournissait du même coup l'occasion d'élever un instant les sentiments des peuples au dessus de leurs horizons familiers.

L'occasion a été perdue. Peut-être elle se retrouvera.

FIN

TABLE DES MATIÈRES

CHAPITRE VII

Alençon. — Imprimerie Corbière et Jugain